凱龍星的療癒力量

你的靈魂痛點，心理占星都知道

麗莎・塔希爾 Lisa Tah——著　王冠中——譯

The Chiron Effect

Healing Our Core Wounds through Astrology, Empathy, and Self-Forgiveness

僅將本書獻給那些了解到「快樂」比「正確」更有價值的人們；你們將自身的過失與挑戰視為機會，去成就更為成熟與喜悅的自己；獻給那些有意識在做著改變的人們；也獻給那些往內心去深入探索生命、愛和失去，同時選擇帶著美麗受傷的心走出靈魂黑暗深處的人們——你們的心渴望著寬恕自己和他人，讓自己能夠更深刻地去愛人與被愛。

我很感謝每個以客戶、家人、朋友、愛人或街上的陌生人進入我生命中的人們，你們提醒了我，身而為人，我們都是相互連結的。你們照亮了我的道路，同時也讓我的內心更謙卑、更平靜、更喜悅，而且更有智慧去選擇了愛這條唯一的道路。

我的用意是要成為靈性訊息的承載者，成為這世上一道指引的光芒，為日益熱絡的情緒治療與心靈成長論述盡一份心力。願我們能多停留一會，傾聽我們的內在聲音，激勵我們更深刻的覺察。不論你有過什麼樣的經歷，都不要因此噤聲。冒險走出來做真誠的表達，你將會找到自身的勇氣。

「這個世界並不需要更多成功的人，但是迫切需要各式各樣能夠帶來和平的人、能夠療癒的人、能夠修復的人、會說故事的人還有懂愛的人。」

——第十四世達賴喇嘛

事實如此，也必將如此，
放諸四方，
無窮無垠。
阿們。

目錄

各方推薦

「在《凱龍星的療癒力量》（*The Chiron Effect*）中，麗莎．塔希爾以熟練的技巧，陪伴讀者踏上療癒深沉傷痛的強大旅程。透過分享她的個人故事——伴以有效的方法，打破創傷造成的舊有模式，並且引導我們的心智做出正向的改變，同時化身無條件的愛——麗莎教導我們如何回歸初衷，成為自在喜悅之人。」

——米拉．古德曼（Myra Goodman），《尋找永恆的陽光》（*Quest for Eternal Sunshine*）共同作者

「身為占星師，我總認為凱龍星不僅是個關鍵元素，能讓我們能了解反覆出現的傷痛，同時也是個指引，帶領我們活出自身的靈性目的。在此之前，從來沒有任何一本書同時引導了占星師、治療師和讀者，去清晰體現靈性目的。在《凱龍星的療癒力量》中，塔希爾出色的整合了心理學和占星學的效益，更重要的是，她為我們的靈魂療癒帶來了希望。」

——瑪莉・塞爾比（Mari Selby），
《二度雷擊》（*Lightning Strikes Twice*）作者

「麗莎・塔希爾優美地描述了內在探索的旅程，帶領人們找到自身最強大的力量，擁有勇氣和自我憐憫去療癒自身的核心傷痛。」

——奧拉・納德里奇（Ora Nadrich），
《真誠人生》（*Live True*）作者

「這本書是一趟溫柔、良善且同理的旅程，帶領我們探索如何療癒自身的核心傷痛。它將占星學與自助療癒融會交織，創造出一套整合的方法來治療自我。它很有幫助，而且來得正是時候。」

——隆納・亞歷山大博士（Ronald A. Alexander, Ph.D），
《開放思維的智慧》（*Wise Mind, Open Mind*）作者

「麗莎．塔希爾對個人蛻變有著深刻的理解，同時同理且務實地洞察凱龍星的意涵。這是治療師與普羅大眾都極為需要的強大療癒工具。」

——派翠西亞．馬赫（Patricia Maher），占星師暨順勢治療師

「透過《凱龍星的療癒力量》，麗莎．塔希爾提出了清晰的指引與溫柔的邀請，去揭露與解構不健康的舊有模式，並且透過同理與寬恕來安撫舒緩。麗莎真誠且直接的文字風格，給予讀者平易近人的感受。她描繪了清晰且深入的歷程，協助我們喚醒自身內在美妙的療癒能力，治療自身的核心傷痛——這是個深入且易於理解的療癒資源。」

——柯瑞．佛森（Corey Folsom），洛杉磯關係教練

前言——

凱龍星與心理占星學

校園槍擊案、酒駕害死無辜生命、丟掉工作、失去愛人、關係決裂……現在有越來越多的人會向諮商師、靈性治療師以及其他各種專業人士，尋求支持與療癒。然而，我們這些舒緩人們心靈之痛的工作者，也是有自身缺陷的——即使是在我們實現天職的當下亦然。

凱龍星是由美國天文學家查爾斯．T．科瓦爾（Charles T. Kowal）於一九七七年在加州聖地牙哥帕洛馬山天文台（Palomar Observatory）所拍攝到的影像中發現的。凱龍星有著很不尋常的特性，它同時是顆小行星也是顆彗星。它是第一顆被發現的半人馬小行星（centaurs）。半人馬小行星是軌道不穩定的小行星，而凱龍乃是已知的半人馬小行星中最大的。它原本被歸類為微型行星和小行星，二〇六〇凱龍（2060 Chiron）。如今被歸類為小行星和彗星，彗星命名為95P／凱龍。這本書正確的列出了十二個核心傷痛的領域，這是由解讀星盤中凱龍星的位置所得出。正是凱龍星在星盤上的位置，確認了人們一再重複無意識痛苦模式的原因。

在我們出生時的占星星盤中，凱龍星的所在位置揭露了這些核心傷痛，而這些傷痛阻礙了我們自我同理（self-empathy）與寬恕的能力。對自身與他人缺乏同理與同情，也會阻礙我們創造與認可欲望的能力。透過解讀凱龍星揭露的訊息，我得以理解我最深沉內在的傷痛與我最大的挑戰，兩者之間的關聯。我為心理占星學（Psychoastrology®）療法註冊了商標，明訂了個人心理學與占星學之間的相互關係。我為自己找到了洞見與療法，也帶給我啟發要去和作為讀者的你分享，讓你能夠透過這個賦予力量的過程，辨識並且療癒你的核心傷痛，排除各種阻礙與隔閡，並且透過你有意識的選擇，創造出你真正想要的人生。

為何看凱龍星？

希臘神話中，凱龍半人馬是療癒藝術、植物學、藥學、草藥科學、醫學的發現者與始祖。凱龍教導阿基里斯（Achilles）和阿斯克勒庇俄斯（Asclepius）關於醫藥和療癒的藝術。他在皮立翁山（Mt. Pelion）上享受生活，直到某天命運來敲門。

故事是這樣的，一支含有九頭蛇（Hydra）血液的毒箭誤中凱龍的腿，造成他痛苦萬分。他所經歷的極度痛苦，讓他體悟到人類的脆弱。這持續不斷的痛苦讓他難以忍受，但又無法自行療癒，因此凱龍請求宙斯能否讓他放棄自己的生命，將其永生能力與普羅米修斯（Prometheus）交換。宙斯准許了他的請求。

凱龍取代了他在眾神之間的位置，成為了負傷療癒者的原型。

身為半人馬，凱龍象徵了人類意識與動物本能。當我們受傷時，我們內在自我保護的動物本能就會發揮作用，確保我們的存活。起初，這是自然且必要的因應策略。但我們有許多人陷入這樣的狀態太久，因此使得我們和自身內在直覺與智慧的源頭脫離。

凱龍的神話故事代表著心理占星學的邀請，邀請你往內在探索，為你的生命帶來更大的理解、療癒和力量。幾乎每個人都會有某個生命層面似乎一再重複著相同令人挫折沮喪的模式，同時也持續疑惑著要如何才能改變。

早期的精神分析文獻中，佛洛伊德是最早為這些重複出現的痛苦循環模式命名的人。佛洛伊德在一九一四年創造了「強迫性重複」（repetition compulsion）一詞，自此這概念也陸續以各種形式在文獻中呈現。提出社會心理發展階段理論的知名心理分析學者艾瑞克．艾瑞克森（Erik Erikson）在《童年與社會》（*Childhood and Society*）書中講到「命運精神官能症」（destiny neurosis）：「有些人會一再犯下相同的錯誤……這人無意識的安排了某個原始主題的各種變形狀況，對於這主題他從沒學會克服也沒能與之和平共處。」客體關係理論（object relations theory）告訴我們，年幼時的客體關係（我們與主要照顧者之間的關係）可能會被無意識地重演。英國心理分析學者派翠克．凱斯門特（Patrick Casement）在其著作《進一步向病人學習》（*Further Learning from the Patient*）中說道：「未解決的衝突會持續引發嘗試化解的努力，但都無用……直到找出真正有效的解決方案。」而依附理論學者認為，幼年發展模式會形成一再重複的關係基模（schema）。基模是心智層面對關係的思維模式，在組織和轉譯後會成為經驗和認知的一部分。

占星圖中，凱龍會出現在黃道十二星座的其中之一，分別是牡羊座、金牛座、雙子座、巨蟹座、獅子座、處女座、天秤座、天蠍座、射手座、摩羯座、水瓶座或雙魚座。凱龍星在黃道十二星座的位置，揭露了造成重複性議題、主題和難題的特定核心傷痛，也因此造成持續的痛苦挑戰與模式。

此外，凱龍所在的占星宮位代表著十二個明確的區域，一個人生命中的核心傷痛會在其所在的區域展現。概述如下：第一宮是關於我們的身體和個性；第二宮是關於我們的財務和道德價值系統；第三宮是關於溝通、手足和童年；第四宮是關於我們如何被滋養與制約和我們的家（包括原生家庭與目前的家）；第五宮是關於創意、浪漫、傳承和玩樂；第六宮是關於工作、健康和我們的日常（架構）；第七宮是關於合約——包括親密連結（婚姻與關係）與職業上的合約；第八宮是關於權力、性和他人的錢財；第九宮是關於宗教、哲學、國外旅遊和教育；第十宮是關於事業、名聲和形象；第十一宮是關於朋友、團體、夥伴和社群；最後，第十二宮是關於心智的無意識層面、陰影自我（shadow self）（成癮、監獄、醫院）和靈性。

凱龍星在哪個宮位就像是某種痛點，描述了我們生命中哪些部分可能因為害怕遭到拒絕或害怕不被他人接受，而有所偽裝或隱藏。凱龍星的宮位也揭露了我們容易遭觸發的敏感處。而就像舒緩藥膏一樣，凱龍星在十二個宮位中的位置，也代表了一種潛能與力量，能夠療癒我們對外在世界和內在自我產生的負面反應。

透過黃道十二星座和我們自身星盤裡的十二宮，我們能夠找出我們生命中的凱龍星核心傷痛，並且識別個人面臨的特定挑戰，源自於我們自身傷痛的挑戰。而透過對心理占星學的這層理解，你會發現你自身傷痛的根源，也能成為你最大的療癒與力量來源。

本書的目的有二。首先是要揭露源自於你核心傷痛的無意識模式。第二個目的是要學習如何透過同理與自我寬恕（**self-forgiveness**）來療癒那些傷痛。在這個心理占星學的諮商過程中，你有希望能夠化解自身大部分的痛楚、終結自我破壞（**self-sabotage**），最終能夠自在地創造新生活，讓你的生命得以全新的方式展露。你可以將這些資訊運用在自己身上，也可以用在伴侶和至親身上，或者運用在你的專業療癒執業上。

當我鼓起勇氣並逐步悉心地處理我自身傷痛的部分，我也因此持續經歷深刻的轉變。透過凱龍星帶來的資訊，我們找到了之前無法觸及的能力，來培養強大的心理、情緒和心靈韌性。《凱龍星的療癒力量》揭露了如何超越那些蒙上陰影的局限阻礙，超越那些造成我們不快樂以及侵蝕我們自身力量的限制。

在凱龍的神話中，一支毒箭誤傷了這位掌握療癒藝術的主人翁，似乎是具有某種寓意的。當然，在現代，我們不太會真的被箭射傷。然而，被箭射傷是比喻意料之外——看似無來由發生的事情。

凱龍詢問宙斯能否讓他死去，因為這個意外的創傷所帶來的痛楚讓他難以承受。你的內心是否也經常希望著，那些因為你無力招架的狀況所造成的痛苦能夠結束？正在閱讀本書的讀者們，可能有些人也曾經想過要自我了斷，好讓這些由他人或自己造成的痛苦能夠停止。凱龍星的心理占星學所帶來的大禮就是，我們的內在其實就有能力能夠透過同理與自我寬恕來療癒。當我們在療癒時，內在那個理解、鼓勵和憐憫的聲音將會帶給我們慰藉。

凱龍星效應

凱龍星效應，是我用來描述我們在脆弱與核心傷痛的特定區域內的軌跡或磁引力。我們具有的問題通常會聚集圍繞著核心議題和主題。而軌跡則是我們已經習慣的生活模式，因此變成了一個固定的頻率。效應的定義是一個行動或其他因素所造成或帶來的改變。因此，當我們改變我們的軌跡，就會影響我們的頻率。我們是習慣的動物；我們圍繞著我們的環境運行，同時也被其他的人事地物所圍繞著。我們的例行日常、習性、人際、地點和事物，形成了我們透過行動和選擇而活出的軌跡。留意你生命中的人們，還有你發現自己會持續經歷的體驗；這就是受你吸引並且圍繞著你運行的軌跡。我們就是自身生命的太陽系中的各個行星。

凱龍星效應提供你方法去解構造成該磁引力（軌跡）的底層因素，了解是什麼讓你困在相同問題的模式和頻率中。接著，你會受邀進入深沉療癒的過程，轉移你目前的頻率。

讓我們透過凱龍星的濾鏡來看看自己。每個人都有傷痛。每個人都經歷過失去、失望、傷心、沮喪、拒絕，或曾經對我們很重要的人事物被帶走，抑或我們被迫要對其放手。我們每個人都對痛楚很熟悉。我們都感受過痛苦，不論是身體上、情緒上、心智上或心靈上的痛苦，或者任何一種組合交疊的痛苦。

由於我們的人性，生存在這地球上必定會經歷傷痛。而由於我們的神性，讓我們得以在地球上的生存期間，化身為療癒的力量。從著名哲學家與天主教耶穌會神父德日進（**Pierre Teilhard de Chardin**）的事蹟來推斷，由於我們是擁有人類體驗的靈性生物，因此療癒的應用，是透過組成自我的三個層面來施行：身體、靈魂、精神。

當透過這個方式來進行療癒時，一開始很重要的是，確保在我們探索核心傷痛之前與探索期間，我們都有著可靠且多樣的因應機制、自我照顧策略，以及自然的支持。我們需要小心且溫柔的揭開並探索這些深沉的傷痛，同時發展出適當的自然支持以及實質的自我滋養。因此，要最先培養並且執行的，是一套因應策略以及各種自我安撫的態度與習慣。創造出一個安靜且平和的情緒環境，來進行這項療癒工作是你的第一步。找到一個舒適的地點，善用筆記本或日記，或許也特別挑選一種蠟燭，在你進行本書引導的各階段療癒過程中使用。

療癒你的核心傷痛，要由你從內心敞開寬恕自我的空間開始，並且透過創造，為療癒過程提供支持的外部環境來強化其效益。

除了透過心理占星學辨別與療癒你的特定核心傷痛——由凱龍星在你星盤上的所在星座和宮位所揭示——凱龍星也能把其他的動態元素帶到你的覺察意識面前，包括陰影層面的元素，如自我欺騙的習性、模式和行為，這些元素都會被突顯出來，讓你能看見它們是如何在你生命的背景中運作的。

本書的運用方式

本書的每一章內容都是在為下一章作堆疊鋪陳，就像製作一道複雜的料理，每一種風味都是層層疊加的——例如鹽、煙燻、香料、糖、柑橘和鮮味。為了創造最平衡的結果——而且如果你希望得到的是最能改變人生且最長久的效益，那麼就要從第一頁開始閱讀，不能跳過任何段落，這點很重要。

我發現我對凱龍星在每個宮位的狀態都有某種共鳴。我的主要議題，來自凱龍星位在某個特定的星座和宮位；然而，透過研究凱龍星在所有星座和宮位上的狀態，我們也能療癒附屬的傷痛。對心理占星學擁有透澈的知識理解，讓我們有更好的適應性、更好的韌性，以及更好的準備。每個章節都提供了我在過去二十年身為有照臨床社工，透過研究與運用所得出的洞見，以及療癒方法與技巧。我希望你能精通自我療癒，讓自己能快樂的活在當下，也因此願意對生命中的一切都保持開放態度。

個人成長與發展和做烘焙很像，兩者都是一門藝術也是一門科學。你就算站在蛋糕旁邊、盯著它看，或者調高烤溫，也沒法催促蛋糕快快膨發起來。這種情況下，要不是盯著蛋糕看的人感到很挫折，就是蛋糕底部烤焦了但裡頭還沒熟。同樣地，在本書所呈現的內容中，了解關於你的核心傷痛，也需要投入必要的時間。

如同威廉·莎士比亞劇作《凱撒大帝》（*Julius Caesar*）中的敘述：「親愛的布魯特斯

（Brutus），若我們受制於人，那錯並不在於我們的命運，而是在我們自己。」我運用占星作為診斷工具來辨識核心傷痛，但處方和療法則是結合心理學、靈性以及個人責任。這是趟進入你自身心理占星學的內在旅程。要能醒悟了解凱龍這個美好的內在療癒者，第一步是要有覺察意識。我會撰寫本書，是因為我想要鼓勵你去表達你的夢想。想要啟發你去發出自己的聲音，活出自己的人生，活出你來到這個時空下所要創造的人生。完成你此生的使命，來為你的存在致敬。別再繼續畏縮，重新整理自己並且站起來迎接你的挑戰，你的內心生來就擁有這樣的韌性。你的聲音、視野和價值都不該妥協，同時也要開放接納新的想法和建議。

光是駁斥那些訴說著你的夢想不可能實現、代價太高或不切實際之類的訊息，無法幫助你。請往你的內在找到你所擁有的無限潛能。閉上你的眼睛，播放你心中的旋律。將自己深深扎根在你的價值中，因為你現在已經夠好了。即使你不覺得自己夠好或者覺得還沒做到最好，你仍舊是擁有完美靈性的人，而且你是值得被愛的。

對於涉及長年重述煩亂與創傷記憶的漫長評估與治療過程，在公領域和私領域都讓我感到挫折沮喪。重述過往只會造成削弱自信的折磨感受。在渴望處理自身核心傷痛的驅使下，我尋求了不同的評估方式，並且開始練習冥想。

冥想期間，我接受到一則訊息：研究凱龍星，並且發揚闡述這個負傷療癒者的神話。我受到啟發去了解熟悉關於這個原型起源的所有層面，特別是關於個人核心傷痛的概念。最後，我受鼓舞透過本書分享我的研究和個人旅程，帶來新的療癒形式。我在撰寫《凱龍星的療癒力量》的過程中發現，書中所提出的療癒方式，和時下常見的各種替代療法是能夠相輔相成的。

我確實意識到人類的多樣性，而且也對此帶有敬意，而我現在就要來表彰存在於我們之間的差異性。我的研究成果適用於每一個人，不因任何人種、民族、性別認同、年齡、國籍、性向、殘疾、社經背景、地位、宗教信仰和靈性修為而受限。我想要透過療癒的語言，將我們凝聚在一起。我是《奇蹟課程》（*A Course in Miracles*）的學生，該書為海倫・舒曼（Helen Schucman）所編撰，由心靈平安基金會（Foundation for Inner Peace）在一九七六年出版。這是一門心靈成長課程，教導人們擺脫以恐懼為基礎的思維，轉為以愛為基礎的思維。冥想和禱告是我日常自我照顧的一部分，而且我喜歡研究形上學、靈性、心理學和量子等領域。我會祈求上帝／普世智慧（Universal Intelligence）／本源能量（Source Energy）／耶穌／聖靈與我同在，祈求祂們在我私人與專業生活的所有層面上給予我協助。我很樂見每個人有著不同的信仰系統。

我認同你作為我的讀者，有著多樣的思維與信仰系統，而我也邀請你將自身的信仰系統套用在這療癒過程中。有許多的名稱、方式和途徑能夠運用，並且殊途同歸。我鼓勵你調整本書中的用語來協助並服務你。

在不安全的世界中找到安全感

當我們熟悉的生活方式（也就是人事地物）瓦解時，關於我們自身安全穩固的信任也會崩潰。當意識到我們可預期的世界不復存在時，穩定的感受也會隨之破碎。這種現象通常以悲痛情緒呈現，很類似失去和死亡所引發的悲傷。

隨著起初的震驚以及對事件的不可置信開始消退，伴隨著麻木無感以及情緒山洪的交替影響，會讓人出現不知所措的迷惘感受。我們先前的運作模式已經失效，隻身孤立在未知的領域中。

身為人類，我們都被制約去恐懼具挑戰性或不熟悉的事物，並會做出反應，也就是所謂的「戰鬥、逃跑或僵住」（fight, flight, or freeze），這些自發性的反應，並不符合穩定、安心和安全的感受——我們需要有這些感受才會有最佳的運作。

需要有勇氣才能夠深入內心去面對恐懼、驚慌，與面對我們世界中的狀態，以及可預測形勢意外地突然轉變。然而，當我們越往我們的核心傷痛靠近，也就會越接近我們最深沉的需求和欲望，這些需求和欲望通常被困在某個固定的模式中，渴望著被發現、被看見、被聽到。我要鼓勵你，允許自己去向內感受這些唾手可得但卻被困在你的核心傷痛中的資訊。

一開始，向我們的內在傷痛靠近，感覺是很違背直覺的作法，但它握著我們能夠完全被療癒的關鍵。透過這個過程，我們會開始調整自身的模式，我們會看得更透澈清晰，而且會強化內在的力量。

舉例來說，當我們用手碰觸發燙的爐子，自然的本能生理反應就是會立刻把手抽回來，而且不會再去碰第二次。這是很適當的生理防衛機制，保護我們免於重複被燙傷。

從情緒上來說，人們可能會待在一段不愉快的關係中（就好比伸手觸碰熱爐），在這樣的關係中待得太久，導致他們的情緒（末梢神經）變得麻木甚至無感。原本只是劇痛的警訊，最後變成了嚴重的傷害，長時間下來麻痺了你的情緒，只因為你可能抑制甚至忽視了你的直覺。不願選擇面對改變自然而然會帶來的眾多恐懼，這個痛點體驗可能就會變成了你的常態，而你也開始逐漸落入自我欺騙的循環，藉此來維持這段關係，而不是運用你的能量重新開始或者恢復單身。

我們的傷痛是上天與我們聯繫的方式，好讓我們覺醒，發覺自身有個層面需要去深入探索與療癒。我們透過身體來經歷這樣的溝通。身體承載著我們的生活方式所帶來的結果。長期的身體與情緒問題，正是在告訴我們要注意這些失衡狀態或傷痛。

這些敏感的地方，需要帶著憐憫的心去探索與處理。我們的傷痛觸動內在更深層的人際運作過程，而這是能夠透過了解凱龍星的心理占星學來發掘的。通常要透過苦痛，才會讓我們把注意力聚焦在那些真正有需要的地方。帶著好奇與關心，這個往內心更深處的探究過程，正是確實會帶領我們邁向幸福快樂的道路。

轉變的力量

凱龍星是培養同理心的途徑與邀約。心理學家卡爾・榮格將凱龍這個負傷療癒者，描述為憐憫與無私精神的象徵。在其最正向的層面中，這個負傷療癒者象徵著內在的轉變力量，這力量已經準備好同時也有意願療癒我們的核心傷痛。

若不加處理，凱龍星的傷痛會成為我們生命中那股無形的操縱力，造成我們無法理解的問題。榮格在其著作《回憶、夢、省思》（*Memories, Dreams, Reflections*）中寫道：「潛意識若沒有進入意識，就會主導你的人生而成為你的命運。」凱龍星鼓勵我們為自身的命運負起責任。當我們認知到身為人類所共有的脆弱性，我們也就成為憐憫與支持的泉源，滋養自身，也滋養著我們生命中所觸及的人們。

1 深刻地活在每個當下

在我還是個小女孩時，我會和祖母躺在床上讀《聖經》。祖母名叫蜜卓．柯柏特．韋伯（Mildred Colbert Webb），我都叫她米米。〈箴言〉裡的經文總讓我著迷。我記得有天晚上，我問說：「米米，『咒罵父母的，他的燈必滅，變為漆黑的黑暗』是什麼意思？米米，為什麼『謹守口與舌的，就保守自己免受災難』？」

米米在回答時，眼鏡會往下滑，幾乎要從鼻梁上掉下來，她說：「嗯，麗莎，你還太小，不需要擔心這些事情，不過，大人們會用言語傷害彼此，而且話一旦說出口就收不回來了。《聖經》是在教導你說話要小心，就這樣，甜心。你現在不需要擔心這些，親愛的。我很愛你，來上床睡覺吧。」

我小聲的說：「我也愛你，米米。」我蜷曲在她懷裡，她的口氣帶著喉片的味道。我們倆在安全感的包覆下沉沉睡去。

你在閱讀這段文字時，腦袋的意識中是否浮現出什麼回憶？請允許自己去懷舊一番。花一些時間回想，並且在你的日記裡寫下你對自己童年的記憶印象，不論是好是壞。你在其中注意到了什麼呢？哪些回憶現在會挑起你較多的情緒反應？在這些記憶旁邊畫個星號。用這些紀錄作為你繼續閱讀過程中使用的記憶演進模板。當你想要召喚快樂的感受，你可以利用正面的記憶，激起愛、喜悅和愉快的感覺。隨著你透過凱龍星持續了解到更多關於自身的核心傷痛，你可以運用書中提供的自我安撫方法和技巧，處理那些痛苦的記憶。這個持續演進的紀錄，會對你很有幫助，能夠讓你釋放殘餘的痛苦，並且轉化你那因為這些痛苦而形成的自我信念。

當我還是小女孩時，並不知道和米米在閱讀〈箴言〉時，引發了我對靈性真理的興趣與渴望。事後來看，那是我對個人發展開始感興趣的時刻。我的祖父母是我生命中的支柱。我很幸運有他們成為我心中對無條件之愛的標竿。你能否回想起自己什麼時候開始對心理靈性、自我幫助、占星、哲學、量子或形上學等議題感興趣？為何你的內在會燃起這樣的渴望？你想要找到什麼答案？而你是否已經找到答案？花點時間在日記裡寫下你想到的事情。

這些問題的答案，和你找到與培養自身生命意義與目的的方式有關聯。

之後的數年中，我的童年與青少年時期充滿了情緒、肢體與性的暴力，以及相關的受苦情況，讓我在接下來的歲月中因為自尊心低落而自殘，藉此把一切發洩在自己身上（許多曾經受過創傷的成年人都有這種狀況）。然而，透過執業以及你在這本書中將會閱讀到的方法，我正在學習著無條件的愛我自己。我也邀請你在這裡找到對自己的憐憫與療癒。

哪些早期的經歷曾讓你感受過無條件的被愛？是哪些人給你這樣的感覺？你現在是否還跟他們有聯繫？你是否帶著深深烙印的記憶印象，關於被傷害、被拒絕、被拋棄或被虐待的記憶印象？建議你用憐憫和愛圍繞包覆著那個曾經弱小的你。於此同時，給自己一些不帶批判的空間，接納自己和所有過往的經歷。隨著你進行自身的心理占星療癒，你將學習從你的過去中創造新的故事，來支持、滋養和鼓勵自己。

對我們這些投入療癒專業的人來說，通常有很多人的出發點，部分是為了想要療癒自己。這也是為什麼我們這些執業者，幾乎都是真正的……負傷療癒者。

記憶印象

為了運用創意療癒我的核心傷痛，我透過玻璃這個藝術的媒介來進行非口語的自我表達。鑄製玻璃的過程要從高達攝氏一千兩百六十度的火爐裡取出熔岩般的玻璃，倒入藝術家事先做好的砂模、鋼模或木模裡。我很喜愛實際創造這些作品的過程，因為它能把我的心思帶到另一個地方，這感覺總是很棒。透過我的玻璃創作，我也找到了一部分自我治療與照顧。身為一名藝術家，我想要捕捉無條件之愛的情感與象徵，我將之鑄造成玻璃創作，名為「記憶印象」（Memory Impressions）。這些作品代表著我的信念，也就是我們彼此之間是透過無條件的愛相互連結的。我藉著視覺的想像，將無條件的愛具象化，並且透過這些創作過程來賦予形體。為了能將我們在生命中共享的記憶都化為實體，我製作了數以千計的「記憶印象」。這些作品可能掛在買家的牆上，或者放置在桌上，其中都包含著我一部分的能量與心思，我想像著我的能量為那空間注入了祝福與無條件的愛。

創作是種從無到有的起源，是一種開始，是一種發生的過程。你要變成什麼樣的人？你可以運用什麼樣的創作過程，來療癒和表達你真誠的自我？現在就來反思這個問題，並且記錄下來。你每週是否都有投入時間在你的工藝裡？是否有什麼你暗中熱愛的事物是你想要表現的？有什麼是你曾經想要嘗試卻沒去做的？你現在是否願意為自己創造那些可能性呢？如果願意的話，今天閱讀完後，花點時間去展開那過程。並不是所有人都是透過話語來表達自己，有些人可能會透過舞蹈、歌唱、繪畫、寫作來表達——有無限的可能性去發掘這部分的你，並且投入全部的專注力。

靈氣療法與回饋

自從在二〇一五年取得靈氣療法二級認證（Reiki Level II），我就持續將靈氣療法的能量注入在我創作的藝術中。我的作品均帶有療癒的目的。我也邀請你去發掘類似的方式，創意的表達自己，並且現在就特地為其騰出時間，因為和他人分享我們的天賦與才能是很重要的。

這有可能是透過回饋社區來呈現，例如公益慈善行動、擔任志工，或者時時準備好協助鄰居、友人或陌生人。你可能決定在你居住的城市，發起一年一度的志工活動並令之成為一種傳統，或者在夏季中，向城市和鄉鎮街角處處可見的遊民們發送瓶裝水。

又或許你會擔任某個非營利機構的主事者，甚至自己成立一個非營利機構。能夠做回饋與服務的方式就和世界上的人口一樣多。找到你有共鳴的那件事，著手去做、去實踐、去發聲。如同甘地所說：「你自己必須成為你在這世上想見到的那個改變。」

我透過許多嘗試錯誤的過程學習到，我們能夠化身為給自己的無條件之愛，而且我們有能力在每一天透過我們所做的選擇，去展現那份愛。我們所做的決定，都源自於我們內在的個人價值系統。什麼樣的價值觀對你來說是最重要的？花點時間，不帶批判的去寫下那些價值觀。另一種詢問自己的方式是：「我的優先順序是什麼？我想要別人如何認識我？別人會如何記得我？我想要別人如何記得我？」

我要求自己的行為要符合自身信念，藉此強化我的個人誠信。現在，我也要請你們考慮用自己的方式，對自己做一個承諾。你可能想要重新評估自己為自身和為他人挺身而出的程度。你可能選擇要為了在個人或專業生活上更為真誠的去面對風險。心理占星學能夠協助你了解，你的生活方式有多少程度——符合對你真正重要的事物，以及這和你的核心傷痛之間的關聯，藉此給予你力量去做出你認為應有的改變。

找到你的聲音

當我開始寫這本書時，我面臨最大的挑戰著實讓我感到意外。那挑戰並非我知識不足，也不是我研究不夠深入，更不是我是否有鮮明的呈現凱龍星的原型，為整體療癒觀念做出新的貢獻。不，這些議題都不是問題。

真正困難的是要找到並傳達我自己的聲音。我很害怕開誠布公的分享我自己。我們的核心傷痛可能觸發羞恥的感受。透過同理與自我寬恕的療癒，我找到了勇氣來和你——我親愛的讀者——分享我的一些經歷，讓我們能夠在這個真誠與人性脆弱的共享空間裡有所連結。

當你突然間面臨批評和指責時，不論是來自他人或者來自你自身受限的思維，你會如何回應？我必須回答這個問題，才能夠親自化身為凱龍星的十二個核心傷痛，藉此把它們寫下來。我後來領悟到，撰寫這本書其實是一份隱藏的療癒禮物，當我有了這樣的洞見，一份深刻的平靜感就降臨到我身上。我的內在自我對著我說：「麗莎．塔希爾，你知道你做得到的。要有耐心，讓這本書透過你呈現出來。」

對此，我大聲說出：「沒錯，但在這作品中，我的聲音在哪？」

我的內在聲音跳出來鼓舞我：「你的核心傷痛，位在知道你自身『重要性與價值』的區域，當你與你內在的導師培養出更強健的連結，並且能信任自己去分享你所知的智慧，那些話語就會流過你的指尖，跳躍到紙張上。你的價值就蘊含在其中，而你絕對是夠好的。要相信自己！」

我同樣要鼓勵你去聆身聆聽你的內在覺知，並且傳達你的真理，即使你很恐懼這麼做會讓你內在的脆弱感受升高。我會專注在提高自我對談所傳達訊息的重要性，我也建議你開始將內在最深沉的對話，視為最好的朋友。我會對我自己說這類的話：「嗯，你現在寫這本書是要分享寬恕和同理的訊息，要勇敢，說出真心話，真誠的分享你的經歷，然後看看會發生什麼事。」我發現要真誠的生活，需要專注每天都發自內在核心去過生活。那可能很有挑戰，而有些天可能會比其他天容易些。有幫助的做法是，有愛地對自己說話，並且讚美自己選擇了屬於自己的真誠道路——而不是在你偶爾遭遇小挫折，又回歸舊有習慣時，去批判自己。如果你能夠穿越對於他人可能如何評論你的恐懼，想像自己可以有什麼樣的可能性？要是你去表達越來越多你真誠的自我會如何呢？鼓勵你把這些記錄下來。你會做什麼？想像這個版本的你時，你的感覺如何？現在深入去感受那些情緒，沉浸在想像著你自己去做、去體驗、去活出這一面的喜悅當中。

對我來說，我為自己想像的可能性，是創作每週一集的播客節目（Podcast）。光是想著這件事情，我就會同時感受到相同程度的極度興奮與極度恐懼！現在當我感受這兩種情緒同時發生時，我知道這對我來說就是可以執行該想法的「綠燈」。我決定要直接面對我的恐懼，二〇一六年三月在洛杉磯話題電台（LA Talk Radio），展開了我的每週播客節目《萬物皆療癒》（*All Things Therapy*）。

由於擔任播客主以及訪談主持人，使我個人成長許多。該節目的宗旨是要「一次透過一段對話來改變意識」，而我也很享受透過這個方式來和你分享療癒的訊息。當我們去做一件令我們感到恐懼害怕的事情，同時也是我們渴望的事情，那就是我們展現勇氣的時候。

大多數人都有很實用的智慧可以分享，而這些智慧都是從生活經驗中所獲得的。我也發現，從彼此分享的故事中，我們可以學到很多。我學會了全心地相信我自己並且信任我直覺的聲音，這份與內在自我的連結，是我們最寶貴的資源之一。

透過這著作，你會了解一些關於我的事情，而且你會更了解非常多關於你自己的事情。我有時可能會很囉唆贅述，然而，我知道我們都是透過重複的過程來學習的，透過聆聽同樣的東西以不同的方式來陳述，一而再、再而三的重複，藉此過程來學習。我希望你能變得對無條件的愛自己感到自在，能夠對接納、寬恕、耐心、憐憫和同理感到自在，讓這些特質都深深地內化成你的一部分。

在準備與撰寫本書的過程中，我持續的逼迫自己，去清除需要放手的東西，讓某些人事地物逐漸從我生命中離開。請允許你的智慧來引導你，決定哪些內在或外在的東西需要銷毀，讓你能完整轉變成為你期望成為的人，成為你最快樂的模樣，讓新的美好事物填滿你的生活。

我想大部分人都親眼見過自己的希望和夢想在淚水中灰飛煙滅，而後又從灰燼中以新的形式升起，成為無價之寶。在具轉變性的心理占星、靈性和重生過程中，需要的是你整個身心靈的投入，這是個毫不保留的過程。我們正走在一趟集體旅程上，去探索我們的核心傷痛與其療癒的奧祕。當我們發展出強壯的內在肌肉組織來支撐我們的成長，凱龍星就會來迎接並帶領我們。

連結與體驗希望

有能力連結與體驗希望的感覺，是一個基本的指標，能夠斷定我們將成功達到我們渴望的目標。我想要激勵你去對自己的未來感受充滿希望，因為你可以透過一步步漸進的方式改變生命中的任何情況。我會知道，是因為我已經改變了我自己人生中的景況，而且每天仍在繼續這麼做。

當我在二〇一四年決定於洛杉磯展開第二份私人執業時，我知道我不想要賣掉自己在紐奧良的房子，永久搬遷到洛杉磯。我憧憬著有兩個住所，一個在路易西安那州紐奧良，一個在洛杉磯。我想著自己在兩個城市之間來回居住，享受著兩邊的益處。

然而，在當時，我的財務狀況無法支持我所憧憬的雙住所。我了解到，我們通常對我們的未來會有著渴望的願景，但卻沒有必要的財力能夠成就這願景。

我倡議著我們必須跨越自身的恐懼，主動朝著我們的願景前進，做到我們在當下能夠達成的最大程度。一磚一瓦、一步一步的堆疊建構我們的願景，同時也利用我們在過往度過艱難時期的經歷，保持著希望，確信我們當前的夢想終有一天將會實現。

我決定把我在卡崔娜颶風災後重建中學到的經驗，運用到我想要在洛杉磯創造的生活中。在二〇〇五年卡崔娜颶風侵襲時，我就住在受災嚴重的紐奧良。當時紐奧良泡在水裡，居民被疏散到巴頓魯治（Baton Rouge）暫時定居。我利用聯邦緊急事務管理署（Federal Emergency Management Agency, FEMA）發放的緊急救助金，在巴頓魯治租了一間私人辦公室做心理治療執業。我當時透過電話與同樣被迫遷離的客戶進行遠端療程，努力重建我的私人執業，而我就住在我的辦公室裡，每天到附近的健身房去沖澡。

同樣地，我一開始也是住在我的洛杉磯辦公室裡，睡在沙發床上，每天到二十四小時營業的健身房去沖澡。我的辦公室所在那棟樓的房東，深受感動允許我做這樣的安排，讓我能在洛杉磯安身立命。潘姆和卡爾是被派到我生命中的天使，支持著我，讓我羽翼漸豐得以翱翔，而他們所展現的信任，讓我感到謙卑。

我也確實飛翔了。

我想要成功，不論要付出多少努力。我這麼生活著，一直到我有足夠的資金買下我在洛杉磯的第一個住所。住在辦公室裡讓我覺得很尷尬，因此很多時候我都會對一些剛認識的人保留這資訊。當有人問我住在哪裡，我會告訴他們我辦公室所在區域的名稱，但不會說得更明確。在大多數社交談話中，這樣的資訊通常就足夠了。

我害怕不夠了解我的人，會對我有負面的觀感。那時很難讓我不去批判自己。我用極為非傳統的方式建立關係，這一切是因為我感受到一種急迫性，想要將部分的生活放到洛杉磯。我知道如果我要等到有餘裕買第二間房的時候才做，我可能就永遠不會行動了。當心靈喚醒內心的一個夢想，通常會有種迫切感，想要去創造它、實現它、去活在其中。

我會打扮的漂漂亮亮出席聚會。人們都不知道這要花多少功夫。我租用的車子也充當我的行動衣櫃和儲藏室。現在回想起那段時間，我臉上會泛起微笑，因為我真的是強行催促自己去實現夢想。

我受到一個根深柢固的信念所驅動。內心最深處知道，洛杉磯對我來說有某種價值，而我也知道我對洛杉磯有某種價值。我很興奮要經營我的新社群，從那些非常早期的日子以來，我也已經允許自己透過許多令人興奮的方式去拓展人生。

通常來說，只有當我們願意跳出自身認定的可行事物框架時，我們能對這世界做的最好貢獻才會顯現。我願意不舒服的生活著，因為知道擁有自己的住處，是我夢想的一部分。我現在坐在這裡，回想起當年為了成功所做的犧牲，絲毫不會感到羞愧，我感受到的是深深的驕傲與自信，這是沒有人能剝奪的。我已經培養出鋼鐵般的韌性，而這韌性就扎根在我們這個有愛的宇宙裡最深處。

這樣的韌性，就是在我們一同經歷本書的過程中，我想要在你體內喚醒與激發的。我整個過程都會和你在一起，做你的究責夥伴。現在一起來更深入檢視，我們會做哪些事來創造彼此想要的改變。

創造改變的空間

透過下面的方式，將我們的傷痛轉變為力量：

一、培養能力去改變想法，那些關於發生在我們身上與周遭事物的想法。
二、培養愛自己、了解自己與寬恕自己的能力。
三、換個新的角度檢視我們的經歷，讓我們能夠在當下感受到更多的快樂與平靜。
四、改變我們創造生命體驗的方式，繼續向前邁進。

與其從腦袋中那些源自以前不想要的體驗所造成的預設思維，來創造新體驗，你會開始透過去做你想做的事情這種強力意念，來創造體驗。就是這樣的思維，才會在你的生命中吸引來你真正想要的人事地物。寬恕是這一切的基礎，我們都知道，帶著怨念、責難他人，或把我們的失望歸咎於時機不對，是容易許多的作法，但如果我們選擇緊抓著是別人害了我們、是生命沒有善待我們這種信念所形成的觀點，我們就阻斷了能夠轉變結果的內在力量。我們可以選擇離開舒適圈，開放我們封閉的思維系統，去接納新的方式來檢視我們的經歷，這會為我們帶來新的選項與可能性。我相信，這樣的可能性，是受到我們在任何當下能夠盡可能最大程度，活出內在核心的同理與仁慈所激發。在你日常的互動中，試著做出這樣的內在轉變，觀察會有什麼事情開始發生在你身上。

啟發是種選擇

我們每一天都持續在做決定，透過我們的想法、言語和行動，去展現或保留同理、憐憫、仁慈。當我完全開放接受這種療癒的觀點，並且願意寬恕那些傷我最深的人，我經歷了某種體驗，我能給予最好的描述就是啟發的體驗。這些人實際上給了我一份禮物，讓我能夠一覽無遺我未化解的核心傷痛。他們也喚醒了我內在那個負傷療癒者。我自身的經歷，鼓舞我去探究這項療癒法的力量，並且撰寫相關書籍。

這時候，我開始專門閱讀關於啟發主題的書籍。我似乎很自然就能獲取相關資訊，包括瑪莉安．威廉森（Marianne Williamson）的作品，她是美國作家、靈性導師、政治人物，也是個社會運動人士。我閱讀過許多她的作品，參加過她的演說，也在我的播客節目上訪問過她，這些內容都很有力量，而且對我的成長與進化也有極大的幫助。

瑪莉安．威廉森的著作《奇蹟的一年》（*A Year of Miracles*）裡頭這個段落鼓舞了我，而且把我內在轉變的體驗化成了能夠被理解的文字。我也把這段落分享給你：「關於啟發──你是被愛的，而你的目的是要去愛。心智充滿無限的愛，也就有力量去創造無限的可能性。我們有力量讓自己的思維方式反映出全世界所有的愛，也吸引全世界所有的愛。這樣的思維稱作啟發，啟發並不是某個我們要努力達到的目標，而是一個我們隨時可以做出的選擇。」

相對之下，我先前會依賴理性化的心理防衛機制，來作為解決問題的策略以及因應機制。我這一生以來一直都仰賴我的機智，來因應面對失去、悲傷、背叛和其他類似的挑戰。

然而，我卻一而再、再而三地發現，要了解情況進而達到完全療癒，光靠理性是不夠的。我發現，真正的療癒還需要納入寬恕與憐憫。

寬恕的過程

我注意到，寬恕這個詞被過度使用了，但許多人是沒有確實執行實際的寬恕過程，包括我也是。寬恕並非一次性的事件，寬恕是漸進執行的技巧。只要我們還活在這地球上，這技巧對我們來說唾手可得，也是為我們而存在的，我們絕對不會喪失寬恕的能力。

我了解到，我們需要一層一層的逐步寬恕自己，然後才能夠完全的寬恕他人。寬恕對我來說原本是較為抽象的概念——直到我經歷了學習真正寬恕我自己的過程。而在這過程中，我同時也寬恕了某個傷我很深的人。

二〇一四年夏季，有天我在洛杉磯開著車，走在前往洛杉磯國際機場的路上。我要去接一名女士，她是我近期透過紐奧良工作上的夥伴認識的。生命把人聚在一起的方式很神奇，而在這個例子中，她和我是立即在能量上互相產生共鳴的。接著我就和她與她很棒的貓咪們，分享了我在洛杉磯美好生活的一部分。我深深愛著她，也致力於投入我的能量去和她創造一段關係。

然而，當我還以為我們正在一起建構一個未來的時候，她很意外冷漠的終結了一切。

不論我有多麼想要從這次事件的轉折中療癒，似乎就是無法擺脫這在我內心引發的震驚、失望和背叛感。毫無疑問，你們之中有些人也有過相同的經歷，嘗試過任何方法走出一個事件，但卻走不出來。不論你有多麼努力，你就是無法不被困住，無力感可能就像頭上蓋了條潮濕的毯子一樣讓人不舒服。當她告訴我，說她刪除了我們之間所有的訊息和信件後，我就陷入了消沉的情緒和身體的痛苦當中，這一切都是這個意外且突然的連結斷裂所引發的。回想起來，最痛苦的是，聽到她說她遇見了新的對象，一個對她來說「很重要」的人。在花了一些時間和我的內在核心傷痛共處後，我現在知道了，她就是讓我的凱龍星傷痛完全浮現的催化劑，促使我要去坐下來好好面對我最深沉的恐懼：不重要、可有可無、不值得被愛。我有種彷彿自己不復存在的可怕感受。儘管我是一名很有經驗的療癒工作者，我依舊因為某個我小時候有過的感受而癱瘓，儘管現在已經成年了，我依然和小時候經歷這感受時一樣無法安撫自己。我知道這次的事件挖掘出某個比我們的關係結束還要更嚴重的問題。

當我們和某人有段深刻的親密關係，但對方卻不願或無法承認這段親密關係真切存在的事實，就可能造成能量上的混亂，進而可能突然造成情緒、身體或心靈上的問題。很重要的是，我們在療癒過程中要用溫柔有愛的關照來對待自己，必要時尋求專業協助，我就是這麼做的。在轉變與艱困的時期向他人求助，並不是軟弱的表現。

我發現自己一直在記憶中打轉，試圖找到合理的解釋，可能我遺漏了什麼或者錯誤解讀了什麼。她和我才剛在我紐奧良的家中度過一段很棒的時光，我們一起完成了她的第一部播客直播影片。看著她在她的領域裡散發光芒，我為她感到很驕傲。其他的經歷還包括和我的家人與朋友聚會，以及談論到一起生活的承諾，在我們同行的工作領域中，成為協助彼此療癒的助力。一切都是這麼融洽契合，看來是如此美好。

過了一段時間後，我有了些模糊的念頭和感受，知道在這失去以及未知的前程中，我有機會重新來過。首先，我認知到，我有些很深入的工作要做，我知道我必須學習更愛自己。然而，由於我的悲痛排山倒海，因此並不清楚要從哪裡開始、要做什麼甚至要如何做。

我了解到，我必須原諒自己，原諒我沒有挺身支持我自己。我決定了我想要用不同的方式來檢視這次的經歷，也開始了解，我的心被敲碎開來，實際上是為了培養出更深刻去愛的能力。你們有多少人曾經有過一次或兩次經歷，引發過類似我所體驗到的感受，包括隨之而來的自我懷疑？你可能問過自己這些問題：我要怎麼再次信任別人和愛別人？做出這種事的人怎麼說得出口他愛我？我究竟是哪裡有問題？他／她／他們又有什麼毛病？

我現在該怎麼辦？當我面臨到我的核心傷痛意外被挖開時，我立刻退回到自我保護的預設防衛機制，合理化、討價還價、責怪，而且試圖把發生的事情拋在身後。但我所採用的這些方法以及其他的防衛機制，都只是延長了我的悲傷過程而已。要區別什麼對我們是正確的以及什麼對我們是有益的，非常困難。尤其是當我們聽到承諾的話語讓我們敞開了心房去迎接可能性與希望時，要做這區別更是格外困難。誠實與開放的溝通是必要的，才能確定我們與所愛的人是走在同一條路上，或者我們其中一人已經轉了彎去別處探索了。

經歷了多個靈魂的黑夜，我深入檢視了我自身在這關係中的貢獻。我忽視了我自己的內在覺知，而且我也沒有使用自己的聲音。我學習到，當我感覺我被告知的事情以及我覺得真實的事情有出入時，我需要去查證，也就是說，我需要尊重我身體的感受，你也可以說是我的直覺。我極度輕視這關係中浮現的擔憂訊號，也因此違背了我對真相最深刻的覺知。我們可以為自己在創造的事物中所做的貢獻負責，藉此找到力量。當我們在一個共同創造的情境中為自己的部分負起責任，就會帶來療癒的效果。當我們承認我們是如何違背了自己，我們也就從受害者轉變成了戰士／神祇／女神。自我究責能帶來深沉的力量。

在這個覺醒和療癒的過程中，我學會了為自己在這關係中，有和另一方溝通的事情以及沒有溝通的事情負責。事過境遷後，我看見了自己在關係中退回到我討好他人的預設模式（來自原生家庭），以及保持緘默來維持和平的習慣模式，即使當我不開心時依舊如此。是我自己放棄了力量。當我們去檢視，什麼時候我們沒有以某種方式為自己挺身而出，而是把自己的幸福和力量交到另一個人手上，這樣的檢視能夠帶來很寶貴的資訊，其中也能找到一絲慰藉——只要我們堅信自己一定能夠找到。

透過冥想練習伴隨必要的情緒練習，我了解到，我擁有無條件去愛的美好且強大能力。我也了解，這個人是個有愛的人，但她的行為也是源自自身隱藏的核心傷痛。真相是，她和我受傷的地方，都是我們需要有所成長的地方。當我願意讓視野不再受到失望之情的局限，我也因此能夠轉移至憐憫、同理、寬恕與療癒的強大內在狀態。

我的轉變發生在我到達了某個階段，決定要試著化身為寬恕之時，即使這女士可能永遠也不會承認我的重要性，我仍決定這麼做，我不再想著要從她那裡得到什麼，相反地，我往內在去檢視我自身的重要性、價值、美好和值得被愛。在這放手的過程中，我也釋放了自己。我們透過無條件的愛自己所培養出的力量，是沒有任何人可以拿走的。我很感激她，也很感激我們分享了這段旅程，感謝能從這段相處的時光中學習到人生的課題。

向前看，我決定要透過和宇宙無盡的力量連結，為自己創造最棒的人生。我決定無論如何我都要過得開心。我請求愛去檢視我整個人生，清除所有需要被釋放的人事物，讓我能準備好投入我有生以來最棒的關係。我也請求心靈在完美的時間點把這個人帶入我的生命中。

如同稍早提到的，我很仔細且深入地檢視我在創造這段關係中所做的貢獻，這舉動開啟了一扇隱形的門，讓我得以穿越，進而能夠逐步地療癒我的心。透過真誠有愛的感謝與深深的感激，我最終得以完全的原諒她，並且為她祈禱：「願你能幸福，願你能被祝福，願你能被愛。」

我也為我自己做同樣的祈禱，一次又一次地，允許我去接收幸福、接收祝福、接收愛。隨著我讓寬恕之情從我的頭腦下放到我的心中，讓我的身體和以太體能充滿接納和寬大，我也因此感受到頭腦的平靜以及心靈的平靜。我感覺，透過一層又一層的經歷療癒我的核心傷痛所必要的深沉寬恕，我也讓自己覺醒了。我想要讓你知道，就和我最後所做到的一樣，你也能夠原諒自己，並且自行療癒。是的，這麼做會比較困難，是的，這麼做會需要更長的時間。但你並不需要別人認可你的體驗，才能恢復自己的完整和健全。你是自身力量的來源，你能為自己找到認同與平靜。

像我們這種對自己期望很高的人，我們可能對自己極為嚴苛。我要鼓勵你在療癒的過程中，拋掉所有對自己的批判。認可自己，並且相信自己已經做到當前狀態下能有的最大努力，而且有信心會變得更堅強且更健康。在失去之後，提醒自己關於自身本質的核心真相。你是值得被愛的、慷慨、仁慈、美麗、有價值、珍貴，而且現在已經夠好了。提醒自己，我們來到這世界上是要彼此互相愛與被愛的。

如果你正在閱讀此書，而且處在脆弱的狀態，我要鼓勵你原諒自己，為已經發生或沒有發生的事情寬恕自己。我要鼓勵你培養深刻的自我之愛與自我憐憫，這是你應得的。

若要在人生中持續前進並維持動能，這麼做絕對必要。活出一個充滿喜悅的人生，在其中我們不僅是安全的，而且也能被看見、被聽見，這是我們與生俱來的權利。別讓他人的傷痛剝奪了你內心中那份無條件的愛。

寬恕是個循序漸進且持續不斷的過程。將你憐憫的心轉向自己，並且盡可能的經常對自己說：「我愛你而且也原諒你，無論如何，我都會和你站在一起。」我鼓勵你擁抱現在的自己，因為你有著被愛的無限潛能。這樣的自我寬恕能夠排除阻礙，而且是強而有力的。

啟動改變，踏上旅程

若要透過我們自己帶來啟發，我們就必須深入感受寬恕的體驗。這個過程並不是我們閱讀一本書或照著說明指示做就可以學會的。我們通常會發現，當我們內在與文字、美景以及有愛的交流連結時，寬恕會變成一種思維行動。在聚合的當下，心智和能量上，可能同時亮起一道光明。這聚合喚醒了啟發，而且可能將我們敞開，去看見我們需要寬恕之處。在這過程中，我們成為了自我療癒的負傷療癒者。從約瑟夫·坎伯（Joseph Campbell）的著作《神話的力量》（*The Power of Myth*）來推斷，道歉是一種有愛的創造行動，能夠「在原本只有牆的地方開啟了門」。我想鼓勵你允許同理與自我寬恕伴隨著你，去深入探索你的內在傷痛，這會透過憐憫帶領你走入進化的轉變過程。

無條件的愛

進行療癒，並且同時透過漸進的寬恕行動成為療癒者，只是化身無條件之愛的一種方式，透過與我們內在的自己分享某個特定的時刻，也可能體驗到無條件的愛，它可能發生在看著美麗的落日時、陪伴嬰孩或年長者時、見證日蝕和寵物玩耍、聽見美妙的音樂、感受一件藝術品、在親密性關係過程中深情地看著對方，或者當我們深深地看著自己雙眼時。

無條件之愛的表現方式，就和世界上的人口一樣多。當我們允許自身與無條件之愛的頻率連結（這頻率的來源是有限的），我們也就開始與生命有著不同的接觸。

和自己訂契約

我要鼓勵你現在就和自己訂下契約，更致力於遵守你的協定，當你無法遵守時（或者當你改變心意時），你也會做更好的處理，讓相關的人知道你已經改變了對那件事的想法。試著這麼做一個月，即使是對你所做的最小承諾，即使是對那些你認為不會記得你承諾的人，或是不會在意你改變承諾的人，人們確實會在意你有沒有做到你所說的。

由於我們透過能量上的相互連結聚集在一起，因此有時當我們違背了我們和他人的合約（或對他人說的話），我們會不經意的自我批判傷及自己。我們可能因為沒有信守承諾為他人挺身而出，因而傷害了他人。如果你正在閱讀這本書，那麼我知道你是會為自身福祉以及他人福祉努力的人。我想要滋養你那利他的部分，讓你能夠茁壯。我希望你學習去滋養那個擁有同理核心的你，讓你在凱龍星對你的挫折與未能滿足的需求輕聲呼喚時，能夠聽見凱龍星自我寬恕的聲音，帶著開放的態度迎接它，並且傾聽它為你帶來的訊息，協助你實現成就。

摧毀與重建

啟發、寬恕、無條件的愛與幸福，是能夠在我們的日常生活中體驗到的，只要我們找尋機會去深刻的活在生命的每一刻中。要說我有深刻地活在我生命中的每一刻，其實不然，偶爾還是會縱容自己小小偏離一下。

二〇〇六年，也就是卡崔娜颶風侵襲的隔年，我當時是從紐奧良被疏散的災民，我所在的城市泡在水裡，我和其他數以千計的人一樣經歷了難以承受的損失。我的房子淹水，我的事業也泡湯了，而我的家人、朋友以及客戶散布到了美國的各個角落。我過去所知的生活被摧毀了。我暫時失去了希望，開始透過某種無意識的狀態過活。我開始飲酒和服藥，尋求舒緩痛苦和獲得短暫的幸福感。我的狀況很糟，內心感覺就像紐奧良和墨西哥灣地區一樣，一片荒蕪與飽受摧殘。

我走到了抉擇的路口，知道自己有兩個簡單的選擇。一個選項就是繼續這樣頹廢下去，告訴自己，大家也都在同一條船上，都在做著相同的事，所以我這樣子是沒問題的。但我的內在知道，我已經變得越來越空虛、古怪、孤僻，而且在我外在模樣的底下，我是非常不快樂的。我不管在身體上、情緒上、心靈上都逼近臨界點，有一部分的我知道，如果再不處理，我必死無疑。

成癮症會想要成為我們的主要依附，它想要和我們有獨占的關係。可能會有些人渴望短暫的分心效果，但要是持續逃避我們必須有意識去檢視的課題，則會導致身體、心智和心靈的抑鬱痛苦，也會造成社交與靈性連結的劣化。

我的第二個選項就是停止頹廢的生活，並且開始採取必要的務實步驟，去改變那些與我適應不良的自我照顧有任何關聯的人事地物。我開始重新建構我的生活，決定重新打造自己，變得比卡崔娜颶風侵襲前的我還要更堅強。為了轉變情緒傷痛的區域，也就是我的成癮行為和適應不良的因應模式，試圖防止我去面對的區域，我再次接受治療，去探索我的痛苦以及相關自我傷害成癮行為的潛在根源。我變得能為自己負責，而且更重要的是，我願意去改變。

那時，我碰巧看到一本書，托德・克蘭德爾（Todd Crandell）的《為復元而賽：從癮君子到鋼鐵人》（*Racing for Recovery: From Addict to Ironman*），這本書引起我的好奇。托德是名健身教練，同時也是自行車運動員，而我發現他透過參加鐵人三項來進行復原的方式，讓我很直覺的產生共鳴。

我開始進行鐵人三項訓練，最終也完成了三次一一三公里半程鐵人三項。這期間，我在佛羅里達彭薩科拉（**Pensacola**）海灘度假時，遇到了一名專業二二六公里鐵人三項教練艾美。我們成了朋友，我開始部分週末會到彭薩科拉游泳、衝浪和跑步。

艾美再次激勵我往內在深入探索，在這個生命的交叉口，找到對我真正重要的事物。透過拋開舊習性，換上健康的新習慣，我得以迅速的轉換我生命的方向，回到正向的軌道上。

我內在那個負傷療癒者開始澈底轉變。結果從那時起，我更能開放心胸，同理那些困在成癮思維、習性和行為中的人。由於我自身的療癒經歷，我因此能夠為客戶提供更有創意的解決方法。我將自身私人的故事作為範例與你分享，藉此提醒你，不論情況如何，你也是能夠改變和療癒的。

設定界線

學習採行健康的因應方式時，我開始逐步練習設下與他人的界線，而這經歷了一些嘗試錯誤的過程。身為女性，我們的成長教養過程都被鼓勵要去滿足他人的需求，而我們的文化也在維持和強化「女人是照顧者」的期望。這樣的信念肯定很強烈的出現在我的生命中，特別是在親密關係這一塊。

凱龍星鼓勵我們要設定必要的界線，並且明確的讓人們知道，他們可以如何進入我們生命的領域中，還有哪裡是他們不能越界的。為我們自身的幸福負責，是一種帶來力量的過程。而採行與自身核心價值相符的信念系統與行為，是能夠強化生命品質的。

正在閱讀此書的你，是否想要能夠駕輕就熟學習如何在親密關係中挺身支持自己。你可以重新定義你想在生命中體驗親密關係的方式，並且開始用符合自身願景的形式展現自己。我想要你知道，當你開始持續為自己挺身而出，生命本身也會帶給你一個共同創造的空間，各種人事地物也都會開始和你完美同調。

生命的季節

我要鼓勵你透過你的內心來看人們以及事物，而不是用你的自我心智來看。一旦你洞悉了一個人或一個情境的真相，我也要鼓勵你，將對待這人或情境的行為，做出相對應的調整和改變。我還無法不加思索的做出這樣的調整和改變。但我已經發現，而且在此分享給你，就是隨著時間推進，我們的技巧會變得更純熟，能夠預先覺察到可能的觸發事件和環境。在我現階段的生命中，我不會去某些我知道會對我不健康的活動或地點。相反地，我會尋找機會把給予支持的人們、地點和體驗，帶入我的生命中，而且這些都是和我的目標相符。

建議你每隔一段時間就去評估生命中的各個領域，檢視他們是否仍符合並有助滋養你的成長和進化。我開發了一些方式協助我在公共環境中以及人群圍繞時，能夠保持正念。我已經「進化」到能在社交情境中保持正念，並且將我的平靜時間填滿冥想、寫作和閱讀等活動。運用較安靜的時間來做反思，藉此照顧並滋養自己，是很有幫助的。

我冒險向你揭露了我個人內在掙扎的經歷。作為讀者，當然，你是可以批評我的。我願意揭露我的脆弱，因為當我透明地呈現自己，你就成了我的究責夥伴。當我們表達了對療癒的渴望，我們也就徵召了他人來支持我們的復原與療癒。我學習到，我們克服的艱難，會成為我們最大的成功來源。你可能在我的故事中，看到一些你自身的影子，或者自身錯誤的因應方式。向他人揭露你自身的困難，這樣他們才可能會成為你的療癒夥伴。

我相信你會想要被看見、被聽見、被承認、被愛、被尊敬和被重視，這是一些人類最深沉的需求。不幸的是，我們經常發現凱龍星未被療癒的核心傷痛，會讓這些需求無法被滿足。現在，讓我們一起來療癒這些傷痛。

決定改變的道路

從你的內在與生活做出改變的過程中，很重要的是要知道，達到完整狀態的道路通常不是一條直線。當我們決定去檢視並療癒我們的核心傷痛，我們會面臨各個做決定的階段，而我們都是透過思維來引導決定，但我們的思維並不是線性的，不是嗎？

在思考這部分內容時，我想起了一種做決定的模型，叫做跨理論模式（Transtheoretical Model, TTM），這模式和我們在生命中處理做改變的方式有關。我們通常會很直覺且自然的經歷這些階段。我會在這裡概述做改變的跨理論模式三個階段，第一階段稱作「前意圖期」（precontemplation）。在這階段我們會注意到他人過著我們所嚮往的生活方式，並且想要仿效。在我們的前意圖期中，我們可能會詢問他們是如何達到他們當前的狀態。或者我們可能研究關於他們做了哪些改變的資訊，特別是那些我們正尋求在生命中做的改變，這些改變可能包括評估戒斷藥物和酒精、練習冥想，或者改吃素食等等。

一旦我們找到了在尋找的資訊，就能決定一條改變的道路。在這時候，我們內在會做出較高層級的承諾，而這也是改變的第二階段，稱作「意圖期」（contemplation）。在這階段中，我們開始分析，如果要進行我們在考慮的改變，我們會遇到哪些情況。舉例而言，如果我們想要減少飲酒，或者完全戒斷酒精，我們去參加朋友的晚餐聚會時，實際上會是什麼樣的情況？或者是在商務雞尾酒餐會上、約會時、與朋友的歡聚時光這些情境中呢？我們要如何因應這些情境，如何向他人說明？我們會點無酒精雞尾酒嗎？我們在這階段的過程中感覺會有多不自在？

再舉些其他的例子，如果我們決定維持更好的身形，我們可能開始考慮要加入哪間健身房，以及如何安排運動計畫，或者如果我們決定改吃素，可能需要停止吃哪些食物。在這例子中，要問的問題就變成：我們可以吃什麼食物來取代肉？當我們開始透過改變的目的來想像我們的生活，我們可以去感受，如果我們確實採取了那些步驟，情況會是如何？

改變的跨理論模式，第三階段稱作「執行期」（implementation），這是我們採取行動的階段。我們簽約加入健身房，買了素食食品取代肉品，或者拒絕酒精或毒品藥物。我們採取行動發展支援系統，來維持我們的決定。

通常要在生命中做出重大改變時，我們可能會在意圖期和執行期之間，持續來回猶豫擺盪。這很類似學習騎腳踏車的過程，我們會在學習過程中經常跌倒。而這樣的搖擺不定，未必意謂著我們在生命中做出改變的意圖失敗了。當我們開始重新建構我們的身分認同時，我們會嘗試不同的替代方案，這過程會讓我們的大腦產生成新的神經渠道，但是需要耐心。

請勿嚴厲批判自己，允許自己探索新舊狀態之間的空間，試著賦予務實的預期，並且透過多個小幅度的階段目標來執行你的改變策略，同時隨時傾聽你在當下的內在聲音，藉此判斷走向。經過一段時間的練習，你會更能夠認同並遵循自己的內在聲音。我發現，當我透過內心的共鳴去聆聽，會比被腦袋的喋喋不休牽著走，更容易聽見我的內在聲音。去感受自己的內心，可以強化你和內在同理療癒者的連結。

透過內在的工作，結果就是我們能夠在最小的事情中找到幸福感。你可能會在走路時停下來聞聞新鮮的花香、聆聽樹梢的鳥兒歌唱，或者在海灘跑步時不聽音樂，而是伴隨海浪拍打岸邊的聲音。生命中會開始充滿你先前沒有注意過的安詳與平靜。

過度激發與過度警覺的狀態

如果成長在一個氣氛不協調的家庭中，可能有情緒暴力、肢體暴力或性虐待，或者其他暴力與漠視狀況，或者你可能見證過情緒暴力、肢體暴力或性虐待、其他暴力與漠視，在這情況下，你肯定會有「過度激發」（hyperarousal）與「過度警覺」（hypervigilance）的生理上不協調情況。

這意謂著，作為一個成人，你的中樞神經系統（central nervous system, CNS）隨時都處在生理上高度警戒的狀態。因此，你可能會有意識或潛意識地持續偵查，環境中是否有情緒上、身體上或性方面的危險，以及可能的不可預測事件或混亂。處於高度警戒狀態意謂著，你從來無法完全相信你能真正體驗到安詳和平靜，就算有也只是非常短暫的。

因此，你會發現自己永遠都在等待會有事情發生，而在某些時間點確實都會有事情發生。而當事情發生時，你就會再次陷入神經性的痛苦當中，而且通常不會有適當環境能提供安撫或關照。這種過度警覺，是對於混亂、虐待、創傷、不可預測、不確定性和恐懼等異常經歷的正常反應。

經歷過創傷後，我們可能自然會出現一系列自我保護的防衛機制，包括解離（dissociation）、人格解體（depersonalization）、理智化（intellectualization）、昇華（sublimation）、潛抑（repression）、否定（denial）、反向作用（reaction formation）、隔

間化（compartmentalization）、投射（projection）和行動化（acting out）。為了調解我們的痛苦並且滿足我們的需求，這些補償機制，拯救我們免於承受在我們生命當下發生的事情所帶來的壓力。

隨著我們長大成人，這些防衛機制會轉為對我們有害，成為一種適應不良，它們會造成我們在情緒調節上的問題（例如情緒平穩），也會影響我們與他人的關係。

身為成人，我們之中有許多人成功的創造了持續平和與寧靜的生活，但同時我們仍可能遭遇到情緒上的觸發因素，造成我們擔心某種侵擾或負面的事件發生，奪走我們的平靜生活。

觸發因素，是一段未被療癒的記憶或休眠的依附能量，等待著被發掘，而被發掘時相當於踩到隱藏的地雷。觸發因素通常躲藏在陰影中或在意識的隱蔽處，而且可能完全不在我們日常覺察的範圍內。

在遭觸發的過程中與事發後，很重要的是要安撫自己，你只是對某個隱藏在你意識之外的傷痛做出自然反應。你在經歷的可能核心傷痛遭到敞開和觸動的一種反應，這傷痛在讓你知道它的存在，讓你能夠擁抱你內在這個由凱龍星關照的部分。

年輕的時候，你可能沒有力量創造或維持自身環境的平靜，不管你有多麼努力嘗試。但身為成人，你現在的狀態已截然不同。一旦你開始每天對凱龍星所揭露的脆弱處，給予同理與自我寬恕，沒有人有能力奪走你所建立的自信。你將會體驗到過生活的新方式，逐步讓你的生命中充滿你想要的事物，並且逐漸減少不想要的事物。

當你越常允許自己去體驗內在平靜、喜悅、快樂、愛和幸福，你就越能重建大腦的神經渠道，去適應一個扎根在穩定基礎上的存在。隨著你逐漸讓自己和內在核心自我同調，你也會開始感到安全，失望和艱難的體驗會越來越少，因為你已經改變了自己的模式。

觸發事件帶來洞見

當你感覺受到負面的刺激，你可以選擇對外表露你的反應，暫時採取客觀的立場從內在做觀察。這和解離是不一樣的，因為運用內在的觀察者，是一種習得的技巧與手段，能夠協助你正確地辨別可能造成觸發的情緒交流。

這有助你將另一人的情緒視覺化成一種顏色或形狀，藉此想像阻擋住這些情緒、把它們放進盒子裡、送出家門外、丟出窗外、請它們離開，或者把你自己籠罩在愛和光中。這也可能有助你為該觸發者惱人的那一面命名，你可以選擇稱它是那人的第二自我、十歲的自我，或者用你最愛的暱稱，給這情況增添一些幽默。這些都是心智及心理上的技巧，把情緒能量與影響力，從這些有挑戰性的人際互動中抽離。

當我們的觸發因素爆發時，其引發的相關情緒通常是如此強烈，以至於我們會本能的相信這些情緒能夠控制我們，然而，想當然耳，我們會恐懼在情緒上失控。透過運用我在前面建議的技巧，我們能夠打斷情緒升溫的過程，並且允許遭觸發的情緒能量消退。

建議你，當你感覺在和某人的互動中，你對他們觸發的內在情緒有所回應時，花一點點時間靜下來對自己說話。在那短暫的時間中，內心向自己承諾，你會在稍後私下的時間面對你內在世界的這一塊，更仔細的檢視並處理可能的問題。我會在內心這樣跟自己說話，來安撫自己。溫柔的承諾稍後會適當處理，就能讓看似很強烈的情緒消退。這就是有意識的保持在當下的意思，也就是正念的運用。

在一次觸發事件後，讓我們的內心之眼能夠看得更清楚。畢竟是我們的心在居中調節，性與侵略的衝動本能（下脈輪）與上脈輪高層次的執行功能。（請參閱第一〇四頁）

我們的思緒和感知優先於我們的行動，這也是實際行動並不如想法來得多的原因。如果我們處在健康與正面的影響下，並且從我們感覺豐盛、感激、喜悅和安全的基礎上，去創造生活，這一切都會運作良好。若要從這個強大的優勢上去維持我們的生活，很重要的就是，要花時間與努力去覺察並且療癒我們的核心傷痛。

啟動心靈的力量

為了能帶給我們幸福，我們的傷痛會想要被攤在陽光下，讓它們能夠完全被看見、聽見、理解、轉化，並且整合。請擁抱本書中所提出的想法與洞見。拆除建構在恐懼上的思維系統，替換成以愛為基礎的思維模式。

透過運用自我寬恕與同理，這樣的意識調整將能帶動轉變你的核心傷痛。在轉瞬的洞悉與對他人和自己更深刻的愛中，你會開始用不同的方式看待各種情景與問題，因為你願意從不同的制高點角度來檢視他們。

在傳統心理治療與心理學中，這被稱作「重新框架」（reframing）或「典範轉移」

（paradigm shift）。透過這個方式，我們能夠轉移去提升平靜、喜悅、滿足和幸福的存在。在穿越過去的痛苦並從中發掘意義的過程中，這技巧是非常重要的。

我運用露易絲・賀（Louise Hay）的教導來重塑我的信念系統。露易絲・賀極富遠見，是我最喜愛的作者之一。我要分享她的著作《啟動心靈的力量》（*The Power Is Within You*）中的一段話，可能會對你有幫助：

> 生命是一段自我發掘的旅程。對我而言，受到啟發就是深入內在去認識我們真正的本質，並且知道我們有能力透過愛自己與照顧自己而變得更好……當我說到愛我們自己，我指的是深深的欣賞我們的本質。我們要接納自己所有不同的部分——我們那些小小的怪癖、那些讓人尷尬的事情、那些我們可能不太擅長的事情，還有那些很棒的特質也是……我們經常會在我們的愛中加入條件。但我們能夠改變。我們能夠愛自己當下的這個模樣！

帶著理解、自我寬恕和同理，我要鼓勵你去考慮接納你現在此時此刻的模樣。

心智的力量

相對於反應，回應更需要我們培養一些技巧和工具，讓我們能夠持續干預阻斷那些導致我們做出有害行為的思維模式。其中一個工具就是，培養所謂的身體過濾技巧，去詮釋、解讀和干預大腦神經渠道觸發的情緒升溫機制。

大腦和中樞神經系統，能夠立即累積與解讀所有先前已解碼過的記憶，也就是那些看起來和當前接收到的刺激物相似的記憶。這兩部分的過程發生在一瞬間，隨後我們就會接收到進一步採取行動的訊息。

我們後續所創造的內在意義，依據的則是我們的感官覺知。如同經典的《奇蹟課程》所描述：「我們所看到的世界，純粹只是反映了我們自身內在的參考架構——我們心智中的主導想法、希望和情緒。『投射形成知見』……當一個人思考時，他同時也在形成認知。因此，無須尋求改變世界，而是選擇改變你對世界的看法。認知是個結果而非原因。」

要培養身體過濾技巧，有個方式就像呼吸一樣簡單。實際上也和呼吸有關。我們可以透過運用呼吸，主動減緩我們的情緒反應機制。在反應或回應前，嘗試緩慢且專注思緒的深呼吸。這會為你爭取到一些時間，讓你去解讀在激烈的互動中所接收到的資訊。當和家庭成員或親密伴侶、電話行銷人員、律師以及友人，討論爭議或尖銳話題時，這就是個可以運用的重要技巧，而他們都是最常會觸發我們情緒的人。

當我們獨處時，也可能被自己的腦袋給觸發。當你和某人還有尚未解決的問題，你是否曾經想像或幻想跟那人之間的對話？為了捍衛自己的憤怒與怨恨，我們可能會在腦袋裡想像著一段完整的對話，但這段話或許完全不會在現實情況中發生。或者我們可能會想著好幾年前發生的一段對話，而導致我們現在的血壓升高、掌心出汗、呼吸急促和焦躁不安，最後可能搞得我們氣喘吁吁，然而房裡除了我們自己沒有別人。光是透過想著好幾年前發生過的事情，或者想著還沒發生的事情，就可能讓我們在幾秒鐘的時間裡，從一個安詳平靜的狀態，轉變為暴怒或極度悲傷。

對自身的防衛心保持好奇

頭腦心智是個強大的工具，有著想像與創造的非凡能力。讓我們一起練習稍緩對彼此發脾氣，而是用好奇與冷靜來回應。與其豎起防衛的高牆，何不帶著了解彼此與解決事情的意圖，來發掘更多的訊息。

在對話的初期階段，先行阻止可能的情緒高漲情況，要比在對話後期容易得多，到了後期可能就會有人提到過去未被解決的情況，因而更火上加油。與其到時才能做反應，更重要的是給自己一些需要的時間放慢下來，想想你要如何回應。通常的情況是，我們在攻擊自己的缺點同時，也會指出他人的缺陷。有鑑於此，我要請你思考一下《奇蹟課程》裡的這個觀點：「療癒唯一需要的就是不再恐懼……這並不意謂著衝突必須永遠從你的頭腦中消失，你才能療癒。要是這樣，那就連療癒也不需要了。然而，真正的意思是，你要不帶攻擊的去愛，哪怕只有一瞬間。」

互動的當下，有時候我們可能不知道自己實際上的感覺是什麼（或者為何有那感覺）。我們可能會感覺「唉呦」，或者感覺到有事情不對勁。適當的做法是，先保留著那資訊，到未來某個時點再處理。我們也可能需要先離開那情境，以便能夠理清頭腦和情緒。

請允許自己退一步，在內心平靜和清晰的地方消化資訊。練習自我克制的結果就是，長期下來你會對自身有良好的感受。我們也和親近的人做個協議，協助彼此以這種方式溝通。

當凱龍星的核心傷痛遭觸發，建議你以下的冥想方式來自我安撫。

引導式的視覺化療癒

首先從鼻子深吸一口氣，然後用嘴巴吐氣，

吐氣的同時發出聲音。啊……我們再做一次，

鼻子吸氣然後用力從嘴巴吐氣，

把所有廢氣從肺裡排出來。

現在開始正常呼吸，讓自己感到舒適。

在你的腦中想像一個完全沒有任何思緒和責任的空間。

這空間可以在開敞的戶外，在廣闊的綠色草地，
在綿延的白色沙灘，在一望無際的海洋中，
在一個白色的大房間中，或者是你的想像帶你去的任何地方。
想像你在這個廣大開闊的空間中，
那裡充滿乾淨、清新且滋養的空氣，以及生機勃勃的能量。
每呼吸一次，你都是在清理你的身體、心智與靈魂，
讓你每個細胞分子都澈底排毒。
隨著你吸氣和呼氣，在這空間裡只有平靜和無條件的愛為你而存在。

想像生活在這寬敞的能量中，你生命的每一天以及每分每秒。

這是你療癒用的清澈空間，
隨著每次深沉集中的呼吸，你的內在也充滿了光，
而你的每個細胞也反覆填滿了此時此刻你所需的事物。
留在這裡多久都可以，直到你完全放鬆。

隨著每次呼氣，放掉所有可能在困擾著你的事物。

當你準備好了，感謝這能量用療癒充滿你的心智、身體和靈魂，
然後感謝你自己花時間接受無條件之愛的引導，
這份愛永遠都為你存在。

結束這次冥想前，如果你發現自己因為和某人的一個未解情境而分心，
花一些時間在腦中召喚這個讓你分心的人，
伴隨這人的存在，
更深刻的去感受他們需要多少的愛才能覺得完全、完整與快樂。

想像他們曾經幼小的模樣是有幫助的，
並且認同他們也是深深的受傷著，需要被愛，
需要比他們當下所獲得的更多的愛。

這些人並不邪惡，
只是他們脆弱柔軟的地方破碎了。現在就把愛傳遞給他們。

最後，大聲說出來：

「謝謝你帶給我內在平靜，願這平靜能遍及我的生命中以及我所愛之人生命中的各個方面。」

專注深呼吸數次，然後慢慢的回到你所在的房間中。

所有心智都是相連的，我們是一體的人類物種。當你愛他人時，你本身也會接收到愛。白色明亮的療癒能量在你體內放大，帶著你越來越接近所有你想要和需要的事物，讓你能感到完整、快樂與平靜。

當你透過內在的眼睛看見我們彼此共享的連結，你對那些與你衝突者的情緒就能夠軟化，這衝突者也包括你內在的自我。

我是你在這共同創造過程中的夥伴，但願這是展現和解與愛你自己的強大工具。事實如此，也必將如此，放諸四方，無窮無垠。阿們。

每天高達七萬個思緒

要監看我們腦袋中的每一個思緒是不可能的，要讓腦袋有意識的把每一個思緒都轉為正向也是不可能的。在沒有任何模板或路線圖來做為引導的情況下，我們該如何嘗試執行這項任務？

我最喜愛的一名導師與摯友，是作家、人生教練和正念冥想老師奧拉・納德里奇（Ora Nadrich）。她創造了一個模型協助了許多人（包括我）轉化自我挫敗的思緒，方法是當我們感到情緒紛擾時，詢問自己一系列的問題。她的自我發覺過程，透過一個接著一個的問題，協助我們卸除自身的反應性情緒機制。

在她的著作《誰說的？一個簡單的問題能徹底改變你的思維方式》（*Says Who? How One Simple Question Can Change the Way You Think Forever*）中，納德里奇教導了釋放負面與恐懼想法的方式，並且置換成能支持我們的有愛思維。她的方法根據的假設是：「許多人們面臨的阻礙，是源自於他們的負面想法所帶來的牽絆。而且這些負面想法通常也不是來自他們的內在，而是來自其他人的想法或意見——例如嚴格的父母或憤怒的配偶——他們對這些想法或意見照單全收，完全不去質疑其真實性。由於想法會創造信念，而信念會塑造行為，因此負面的想法要是不加以處置是很危險的。你必須質疑這些想法，去挑戰它們。」

納德里奇的方法，強調的是為自身療癒負責的重要性。了解我們在任何情況中需要負起責任的部分，就可能帶來解答，並且讓我們不再被束縛，我們也就因此無須再次重複相同的經歷。《紐約時報》（*New York Times*）暢銷書作家——我親愛的導師與摯友凱薩琳·伍沃德·湯瑪斯（Katherine Woodward Thomas），清楚表達了「責任即力量」的概念，她邀請我們自問，為何我們是自身體驗的來源，而誠實面對這個問題，能夠恢復我們自身的力量，並協助我們從自身的錯誤中學習。她在著作《七週遇見對的人：發現真愛的吸引力法則》（*Calling in the One: 7 Weeks to Attract the Love of Your Life*）中，向讀者提出了七個強而有力的問題：「它是如何透過你發生的，而不是針對你發生的？我們需要成為什麼樣的人，來滿足我們設下的意向？我們需要放掉什麼，而且我們需要擁抱什麼？」

責怪他人是種本能反應，我們曾經很珍愛的關係瓦解了，我們會去責怪我們覺得應該要負最大責任的人。我們責備對方，畢竟，是他們不再愛了，或者他們另結新歡、變心、欺騙我們，或背叛我們的信任，或者他們遺棄了我們、占我們便宜或傷害了我們。但現在最重要的是，要聚焦在我們是如何促成這情境發生的，不論我們覺得這因素有多微小。

凱龍星握有我們需要負的這部分責任的線索，而這部分也是造成我們感到不開心的原因。你的情況可能包括感覺在情感上或身體上遭到忽視，儘管你可能盡了最大的努力不要這樣想。或者由於自我價值與重要性的觀感受到創傷，使得你在財務上未能發揮潛能。或者你的伴侶忽視了你最深沉的需求，因為你害怕他或她會拋棄你。你在工作上或在家庭中的貢獻可能沒有獲得賞識；你可能不確定要如何創造並維持穩定的家庭關係；你可能感覺自己的創意或熱情遭到阻斷；或者你可能忽視了自己的健康。凱龍星其他層面的核心傷痛，也可能指出無法獨處的問題，這意謂著你可能會強迫性的追求關係連結，即使對象很明顯對你並不健康或無法滿足你的需求。

權力失衡與人際脫節

如同先前強調的，未獲得處理的凱龍星核心傷痛，可能導致各種挑戰和困難。以下是簡短的例子：

一、你可能因為某人的權力感失調而受傷，也因此，你可能會操弄別人，藉此感覺自己握有掌控權。

二、你可能透過低估自身價值來破壞自己的人生。

三、你可能忽視自身的健康，因此招致嚴重的問題。

四、你可能感覺和同儕以及其他社交連結脫節且孤立，而且渴望成為他們的一分子。

五、你可能受到忽視，而且和他人嚴重缺乏連結，因此很難相信自己在這世界上能夠安全無虞。

六、你可能錯誤的相信自己微不足道。

七、你可能發現自己困在責怪、羞愧和自我憎恨的模式中，而且覺得內在缺乏資源去做改變。

八、你可能有成癮症，或者有成癮行為，包括對飲酒、藥物（處方藥或毒品）、性、食物（節食或暴食）、囤積、運動或購物等事物成癮。

九、你可能阻斷了自身的創意與內在快樂。

十、你可能經歷過一連串沒有結果的關係。

十一、你可能正在經歷財務困難。

十二、你可能缺乏廣受歡迎的成功專業。

這些情況全都是可以治療處理的。如果我們能夠把自己一層一層剝開，揭露我們真實的基本需求和相關情緒，我們就能夠真誠的面對自己。我們都會有負面、憤怒、自我挫敗的想法。那是沒關係的。關於我們的想法，讓我們允許自己去誠實面對自己，並且選擇處理這些想法，特別是當我們發現自己受到恐懼、嫉妒、報復、憤怒、悲傷、失去、無助、絕望或憎恨所驅動時。如果只是把它們掩蓋起來，我們這些未被承認的情緒，會造成我們做出破壞自身的行為，以及傷害那些我們在乎的人事地物。當我們承認這些內在的想法和欲望——然後請求它們轉化，並且確實做出轉化的努力——我們的想法、話語和行動就會開始轉變。站在這種誠實面對自己的穩固立場上，我們就能開始以新的方式挺身支持自己。我們會開始用不同的方式與他人交談，同時創造新的結果來促成相互的連結。最後，我們會從轉化的核心傷痛中直接產生力量的源頭。

連你都搞不定自己的人生

我協助過許多專業療癒人士，他們因為自身的失衡模式，或者因為感覺在生命中被困住了卻不知道該如何是好，而來找我尋求協助。我自己也有過相同的處境。每當我聽見這樣的事情，我都察覺到表面下帶有自責與羞愧的意味。作為讀者，你有可能也是個面臨困境的專業療癒人士。外界對我們這個職業有種沒說出口的期望，認為我們應該都「把自己打理得很好」。我要在這裡告訴你：沒有人是完美的！我們都是有血有肉的人，都有著生理上、心理上、社交上、心靈上、性事上和肢體上的脆弱之處，而這些脆弱可能造成我們的阻礙——但那是沒關係的。只要我們是朝著自我究責前進，並且透過自我照顧來持續進化，我們就能維持必要的一致性，透過健全的架構，來協助他人處理他們所面對的痛苦。

今天，我的不完美能被接納。我就能將這種憐憫和同理帶給我生命中的其他人，而這是我正確的同理自己並且運用自我寬恕所帶來的結果。

我透過藝術的創作，象徵自我寬恕的過程，將拾獲的物品與我許多的雕塑和拼貼作品結合。這真正的意義是，我運用他人不要的東西來創造複雜的集合藝術，其中結合了廢棄的鐵、鋁、木頭、玻璃等物品。我會去廢料場找尋素材，或者在街上撿拾破瓦殘礫。

你無法在新的物品上買到歲月遺留下的美麗痕跡。身為人類，我們也是一樣的。我很珍惜我們生鏽磨損的部分，而且我也喜愛交流關於我們集體成長的旅程。因為這樣的原因，我在二〇一六年展開了我的播客節目《萬物皆療癒》，這節目給了我很棒的公開平台，詢問人們關於他們的心路歷程，而且我也能夠分享關於我的點點滴滴。我們之間的不同之處，提供了我們不一樣的質感與對比。與其忽視、麻痺、投射、責備、貶低、評論、解離，或批判自己以及怪罪他人，不如讓我們帶著耐心與同理來卸下我們的過去，去擁抱療癒核心傷痛的機會所帶來的禮物。讓我們來揭開這隱藏的美好。

靈性歧路

內在與我們核心受傷的自我脫節，會引發我們的困惑，不知道當傷痛爆發時，該如何處理與安撫。我們可能需要協助，但不確定該去哪或向誰尋求協助。我們會感受到的這種困惑，有更大的層面可以追溯到心理學、靈性與療癒的消費化。

其中一個例子就是，提供服務的執業者，利用真實心理學與靈性的某個層面，把它呈現為一種速效藥，能快速修復我們通常非常深沉的情緒傷痛。這在我們的文化中強推給個人——他們真切的渴望，有可靠的方式能夠擺脫痛苦並感受喜悅。靈性歧路的例子，還包括執業者通常會以平均非常高昂的價格提供服務，但這些執業者通常沒有關於處理他人痛苦經歷的實質專業訓練。務必要檢查療癒執業者的教育和訓練、證照以及經驗，尤其當你是從創傷、失去、悲痛或成癮症中熬過來的人。應該說，若要能有效的療癒情緒和心靈的痛苦，執業者必須要有熟練的知識基礎能夠運用，同時要對客戶的經歷有情感上的敏銳度。

透過持續進行我們的內在工作，我們這些專業人士能夠真正提供支持客戶療癒的服務，讓他們不會變得過度依賴我們，認為我們是他們的唯一希望。我曾聽說過有執業者會培養客戶的依賴性，聲稱自己是他們唯一的直覺渠道。事實是，你才是自己的直覺渠道。你可以配合專業人士的指引，來培養並強化你自己與這內在源頭的連結，但要記得你才是你的源頭，而且你能夠學習調頻，並聽見你的深沉內在覺知的低語。你絕對可以。

羅伯特．奧古斯都．馬斯特斯（Robert Augustus Masters）博士，在他的著作《靈性歧路：揭露新時代靈修華麗糖衣下的誤用與陷阱》（*Spiritual Bypassing: When Spirituality Disconnects Us from What Really Matters*）中，就靈性歧路做了強而有力的論述：

和我們「低下的」特質保持更親密的關係——所有那些我們可能認為自己應該要更提升的部分——對我們這些鍾愛靈性歧路的人來說，並不是特別受歡迎的話題。事實上，這話題很掃興，因此通常只會用「靈性的鉗子」來處理，把它夾起來丟到消毒過的大盆子裡，這盆裡裝著滿滿的肯定小語、冥想的平靜和其他振奮心靈的策略，好似這些「低下的」特質並不需要特別處理，只要把它們轉換成「較高尚的」特質（就像歐洲傳教士對土著部落的處理方式）。療癒是個迂迴的過程，通常需要一個人投入所有心力去探索那些較少走的路，途中充滿了盤根錯節，暗藏各種毒蟲猛獸，使得每一步都充滿艱辛和未知，不知道自己會踏在什麼樣的路面上：是流沙、是深水、是陷阱或是柔軟的草地和安全的高地。

與靈性歧路相對的，是本書所呈現的基本真相。還有許多其他的書也陳述了這個真相，有部分列在本書結尾的參考書目裡。你還會看到一個服務提供者、網站、書籍和一般資訊的列表，是你可以利用的。這名單並非鉅細靡遺，但是有一些我珍藏的資源整理。我的目標是要賦予你力量，讓你透過自我療癒來轉變你的人生。邀請你潛入你的心智深處，探索埋藏在表面底下的事物。

隱藏的陰暗面

真正重要的，並不是我們的陰暗面存在，而是我們選擇和這陰暗面有什麼樣的關係。在靈性歧路中，我們會選擇和我們的陰暗面衝動沒有瓜葛，或者只是很理性的去了解陰暗面。不論是哪個方式，很容易看出我們會把自己的陰暗面隱藏在意識的黑暗角落中。

狄帕克．喬布拉（Deepak Chopra）在著作《超腦零極限》（*Super Brain*）中說：

> 轉身不去面對我們不喜歡自己的部分，是很容易也很常見的事，我們會把這部分藏在非常深處，讓我們聽不見它的哭喊，或許最多只會是個遠方的回聲。然而，它的拳頭，它

那通常又弱又幼小的拳頭，仍舊持續從裡頭捶打著我們的胸口，呼喚我們，請求我們，想要連結，想要光明，想要愛，想要療癒。我們需要做的，只是進入我們半輩子都試圖逃避和否認的部分——沒錯，這是個艱難的任務，但絕對是可能達成的任務，只要有意識的一步一步去做。

讓我們一起探索我們深深隱藏的內在真相。讓我們允許凱龍星透過同理帶領我們來到自我寬恕的泉源。我們的夢想正在醞釀中的狀態等待著我們，準備好誕生成為美好且強大的內在負傷療癒者。

扎根於情緒安全與感激之情

透過心理占星學，進行療癒工作的一個先決條件是，你要創造一個情緒上安全的地方，讓你能夠在其中深入探索進行療癒。你正要出發踏上回顧過去的旅程，去檢視你的核心傷痛及其所造成的脆弱區域。這個情緒上安全的地方，可能必須包含挪出一個特定的時間和空間，進行這項內省工作。你可能也要考慮邀請一位值得信任的個人／專業人士，在這過程中與你交談，並且準備一本日記來記錄這過程中浮現的洞見和模式。

在你面對處理自身的傷痛記憶時，要施予同理、愛和寬恕，這會緩和整個體驗，並且有助你的療癒。我很喜歡第十四世達賴喇嘛，在談論關於我們有能力為彼此保留空間時的說法：「我們與生俱來的同理心，是人類所有難能可貴特質的源頭。」

同理與直覺

凱龍星在所有的宮位都能引發我們內在的同理心，並且放大我們的直覺能力，強化我們透過轉移想法和信念來療癒自身生命的能力。這也是為什麼尊重自身的直覺是如此重要。十九世紀末「新思想運動」（New Thought）精神導師和形上學作家，佛羅倫斯・斯科維爾・希恩（Florence Scovel Shinn）說：「直覺是心靈機能，不會說話，只會指引道路。」我要鼓勵你擁抱自身的直覺，直覺是你即刻了解某事物的天生能力，無須意識的理性思辨。

同理的定義，是了解並分享另一人感受與經歷的能力。教導我們透過寬恕的觀點檢視自己的練習，能夠產生同理，並且為我們的人生帶來持久的平靜與快樂。

提醒勿批判

身為一名藝術家與治療師，同時也是個尋覓者，我被教導要留意系統中的弱點，才能藉此提供修正和支持的計畫。但這樣的分析觀點有個陰暗面，若要能看見他人未開發的潛能，需要有洞察力與意願，而這可能帶來一種傾向，會去批評他人未活出自身的潛能。在此同時，當我們忘了自己也不完美時，我們通常會嚴厲的批判自己。然而，我們都值得愛自己，愛我們這個美麗的不完美人類。

我會主動鼓勵我的客戶透過愛與憐憫來療癒核心傷痛，而不是批評與指責。希望本書能夠啟發你進行自身的療癒。當你開始著手進行時，我也希望你可以了解，能夠成為改變的推手，促進全球的能量療癒，是無價的舉動。當我們在個人的療癒道路上前進，我們同時也在支持集體的療癒。

每當我們為自己的言語和行為負起責任，並且修正我們的錯誤，一陣能量和以太體的漣漪就會傳遞整個世界，觸及那些我們從未見過或不認識的人們。當我們療癒自己，我們也成了典範，讓他們能夠跟進。

透過揭露我的一些經歷來教育並啟發你，是我所熱愛的事。運用心理占星學時，以下是一些我會持續提醒自己的事情，而我也請你們這麼做。每當痛苦的記憶湧上來時：

一、在這探索的過程中，要尊重你的感覺，同時溫柔且耐心的對待自己。

二、要確實信任，相信自己能夠療癒。

三、要相信你能夠從受恐懼驅動轉變為由愛所驅動。

四、每天早上花一小段平靜的時間，提醒自己今天要尊重和重視自己。

五、提醒自己一整天中都要稱讚自己——不論發生了什麼事。你可以這樣對自己說：「我做得很好。」「我愛我自己。」或者「我做了很棒的決定。」這有助於創造安全的情緒空間，讓你能執行完全的自我寬恕工作。

從創傷到復原

在我的心理占星事業早期，我曾大量研究茱蒂絲・赫曼（Judith Herman）醫師的案例和她的著作《從創傷到復原》（*Trauma and Recovery*）。她列出了經歷創傷、暴力和虐待者的療癒三階段模型：

一、安全。

二、回憶往事。

三、重新連結。

創傷經歷，可能造成我們去切割和隔離我們自身對人事物的內在覺知。因此，重新連結到我們生命中的這個部分，是療癒的關鍵。如同赫曼醫師在她的著作中所說的：「由於心理創傷的核心經歷，是削弱力量以及和他人斷了連結，因此復原的基礎，就在於為當事者賦予力量並且創造新的連結。」

由於斷裂與切割是我們核心傷痛的主要狀態，因此我會協助客戶做正念練習，挪出一段專用的時間進行內在省思，伴隨積極置換和轉變批評與責難的想法。這樣的練習，能夠協助培養透過觀察者的觀點來檢視自己。這種主觀／客觀的區分，有助於透過新的有利位置，檢視核心傷痛的經歷。觀察者在心理上的有利位置，能帶來我們需要的成長條件，而不至於太過陷入私人情緒中。從各種不同的有利位置檢視我們自己，可以立即轉換後悔、憤怒、絕望和焦慮的感受。我們可以透過這個方式，將傷痛的經歷去個人化，將這些經歷視為他人提供給我們的資訊。我們能夠遠離批評和責備自己所造成的強烈感受，將我們的情緒容納在一個中性的空間裡，然後開始踏入寬恕的領域，消除任何加諸在自己身上的負面感受。

腦袋裡的聲音

我們的文化中存在一種錯誤的信念認為，人們只會因為嚴厲的批評和懲罰而改變。還有另一種錯誤的信念認為，如果我們原諒自己，我們就等於給予自己懶惰和自滿的理由。兩個信念都是不正確的。我曾經親身經歷，而且也在他人身上見證到，透過憐憫、理解和寬恕，能夠讓療癒的效果更快顯現而且也更持久。

我們可以學習透過內心獨白跟自己說話，像個有愛且具啟發性的教練相信著我們，而不是像個刻板嚴厲又愛懲罰人的工頭。不論是自我鼓勵或者自我貶抑，實際上都會形塑我們未來的體驗。

要為你的未來注入可能性，而非注入限制，並且觀察當我們轉移影響想法的因素時，我們的想法自然就會開始轉變。就像上健身房重訓練肌肉一樣，想要訓練我們心智上的態度，我們可以選擇利用冥想、祈禱、瑜伽、寫日記、接觸大自然，或者閱讀等活動的療癒力量。

不論你在你的身體和心智裡種下什麼，都會萌芽生長。我相信透過讓人完全沉浸在當下的能量強化健康體驗，對訓練身體和心智很有幫助。能引發個人熱情與創意的活動和練習，是最強大有效的。「高峰體驗」（peak experiences）就像海洋一樣廣闊，請允許自己去感受這過程，並且決定哪些是適合你的。

找尋個人樂趣與熱情的旅程，有無數的道路可以選擇。要記得，我們都有著可靠的內在導航系統，它必定會讓我們知道自己的渴望——不論那渴望健不健康，也不論那渴望會不會傷害了自己或他人。

當我們與自己同調時，我們的內在導航系統就會協調的運作，引導我們在生命之流中的道路。當我們被愛而且仁慈對待自己，真切喜愛自身的本質，我們就能達到這樣的協調性。而當我們尊重且照顧自己，我們自然也會更好的對待他人。

我們無意識的核心傷痛，可能讓個人的道德感變得模糊，甚至被遮蔽。我們可能做出不像是自己會做的行為，事後又感到羞愧。當在生命中做重大決定時，我們的無意識需求會讓我們無法考量到所有的因素。而我們的成長是要仰賴我們允許自己去嘗試新的事物，同時鼓勵自己去尊重並滿足自身渴望的樂趣。

內在與外在驅動力

讓我們看看內在與外在的享樂驅動力，以及這些因素對我們行為的影響。現在拿一張紙和筆，花點時間寫下你能想到所有帶來愉快體驗的方式。

部分常見源自內在的樂趣，是透過歡笑、慷慨、找到更深沉的意義和目的、發揮創意、靈性、展現仁慈、知道自己的價值與重要性、感受成功、服務他人、自我認同等。

部分常見來自外在的樂趣，是性探索與滿足、陪伴朋友與家人、與寵物互動、旅行、探索大自然、探險活動、度假、花錢、喝酒、服用藥物、購物、志工、烘焙和烹飪與吃東西、健身、展現創意、演奏或聆聽音樂、沉浸於藝術中、看電影、看劇場表演、演戲或寫作。

看看你的清單上有多少體驗是源自內在的樂趣，有多少是來自外在的樂趣。你的清單是否偏向外部樂趣多於內在樂趣？許多人，包括我在內，都是從外部來源找尋樂趣和健康，因為這些樂趣通常較容易取得。我們都是住在身體裡，而身體喜歡舒適的感覺。

大家都知道，從外部來源獲得的樂趣，有時效果較短暫，甚至轉瞬即逝，經常只留下惱人的空虛感，未能被填補或滿足的空虛感。我們要是想要尋求健康的平衡，有效的做法是找到源自內在的補償性自我照顧行為，例如冥想或靈修。重要的是，我們要同時有來自內部與外部的樂趣，才能讓我們過得快樂、平衡且滿足。找到意義和目的與我們渴望的內在滿足高度相關。在你的早年生命經歷中，關於你的照顧者對你的需求展現多少程度的同理心，是影響你日後培養同理能力的因素。而不顧對他們造成的影響，只顧著自己享樂的人，同理心的發展程度較低。相較之下，有些人則可能因為同理心與責任感過高，而會抑制自身的享樂。我們來看看，我們的依附形式，會如何影響我們對自身和他人展現同理心的程度。

依附形式

依附形式理論在心理學及心理治療領域被廣泛提及。三種不同的依附形式，分別為安全型依附、逃避型依附和焦慮型依附。透過檢視我們如何體驗與他人的親近感和連結，可以看出我們是在依附頻譜上的哪個位置。重要的是要了解，在每種依附形式中，我們和世界的連結方式都是不一樣的，每種依附形式都有其獨特方式與外在世界中的他人連結。

我有許多客戶，內在難以感受到安全的連結。因此，他們住在一個充滿焦慮與不確定感的世界，而這就是焦慮型依附的例子。我還有些客戶感覺與自身的情緒脫節，因此，別人看他們會覺得冷酷無情。這類人通常會告訴我，他們內在覺得麻木，而且不確定要如何與他人達成有意義的連結（這些人就是逃避型依附的代表）。

這是逃避型的人格。有安全連結的人會有情緒感受力，在與世界上的人事地物連結和適應時，其感受力會自然的敞開與閉合。這些人會形成健康的依附（對人事地物），同樣地，當需要時也能夠切斷連結（他們很顯然是安全型依附的範例）。

當你回想成長的過程，你的需求是否有持續且可預期的被滿足（健康的同調）？你的健康同調是否讓你感覺到，你在成年後能夠了解如何相對輕鬆的尋求你所需的事物？這能力稱作安全型依附，重點在於精通辨識並表達自身感覺的能力。

或者你的需求沒有持續或經常獲得滿足？如果你的答案是肯定的，那麼你是否有種自己需求過多的不安全感？這是否是你對於向他人表達你的感受會感到躊躇猶豫的原因？這情況會讓你帶有焦慮型依附，這世界對你來說感覺不是真的安全也不夠友善，無法讓你表達真實的自己。

又或者，在你的記憶中，你的主要照顧者是否讓你有種窒息且無法招架的感覺？他們是否會侵犯你的隱私，造成你減少口頭上的表達？或許你會避免與他們連結，裝作好像你不需要他們來照顧你的需求？或許對他們表達你的需求並不安全，因此你抑制了自己的聲音來保護自己。這模式形成你的逃避型依附，你選擇噤聲來自我保護，結果就是，你可能壓制自己的需求，並且把他人推開，和他人保持距離——即使你渴望著親近感。

儘管在與我們內在直覺脫鉤的生活下，我們可能感覺到過度焦慮與逃避，但我們仍能在依附形式的頻譜中移動，來轉化這些核心傷痛。有幾種方式可以做到這件事。針對依附形式帶來的干擾，自我對話是強大且同理的重新調適工具可以運用。對自己說話來安撫自己，彷彿你是個值得信賴的至親。在重新建構平靜基準來調和你的依附形式時，可以盡可能時常對自己說這類的話：「你會沒事的。」「我珍惜你。」「我會帶著尊重和體貼來對待你。」「你可以安全的表達自己最深沉的需求。」或者「你是我的寶貝。」

我們透過愛吸引他人靠近，讓我們的依附系統能夠回應那共振的頻率。建立並維護持續有愛的關係，需要從我們的內在開始，透過富有力量的溝通模式由內向外擴展。我們能夠自由的在我們的身體、靈魂、心智和心靈的花園中，種植任何東西。就和種植作物一樣，我們所種下的任何東西都會生長。大地的土壤與心智的土壤，同樣都能一視同仁的萌生有毒植物和可食用植物。你要如何回應凱龍星的內在邀請，去灌溉、除草或者挖掘並重新種植你的內在花園，讓你在收割時節能夠收穫有意義的成果？

在過去，我們的本質是由我們的行為所定義。但在當前的科技時代中，人們能夠杜撰自身的本質與行為，並且創建網站和社交媒體，把虛假的自我當成事實來宣傳。你所呈現的自己，是否是你真實的本質呢？

活出一致性的人生

我認為，我們要留意在自身專業領域角色之外的私底下個人行為，這點很重要。我要鼓勵我們活出一致性的人生。若只是將我們在個人生活中的行為模式分門別類，並且賦予正當的理由，這麼做是很容易的。

然而，你是否曾經因為私底下的行為模式不一致，因而扭曲了你所對外呈現的形象？你需要檢視並思考改變什麼？你在閱讀這些文字時，有什麼選擇是你需要思考或重新考量的？

過著不一致的人生，除了很顯然可能會對我們自己造成傷害之外，我們也可能不經意的造成對他人的傷害。建議我們要定期檢視自己的行為模式，是否符合我們所對外呈現的形象。你是不是確實言行合一？很重要的是要知道什麼是我們的本質，什麼不是。

凱龍星鼓勵我們提升對自我調節（self-regulation）與自我放縱（self-permissiveness）的覺察，方能在我們的個人與專業之間和諧生活。

我們能夠透過誠實給自己回饋來同理的自我調校，誠實且憐憫的評估我們生命中需要清理的地方。這麼做之後，可以再檢視我們的其他部分，例如我們的自我、我們的弱點、我們的脆弱之處等等。或者我們可能需要詢問自己如何不再僵化死板，允許有空間活出更自發與喜悅的生活。

當我們為自身需要調整之處負起責任，我們就能為自己的言行負責，而不至於落得面臨嚴厲的批評，而導致自我憎恨。羞愧和自我批判會相當痛苦，當我們能帶著憐憫去看待我們自身失衡的部分，我們在自省過程中就更能正視我們這些不健康的部分。舉例來說，當我開始檢視我生命中想要改變的部分時，我學會了處理我的罪惡和愧疚感。對於那些我深深受傷的部分，那些傷痛會引發某些行為讓我事後又對自己批判，而我對那傷痛給予了空間和同理，當我以這方式對待我的傷痛，我就能將寬恕觸及到自己的這部分。這個自我寬恕的過程改變了我的人生。

我要鼓勵你帶著憐憫對待自身脆弱的部分，勿再用更多的自我批評來傷害自己。透過澈底檢視你的習慣，同時溫柔挖掘出相關的底層傷痛，將協助你轉變自己這些亟需療癒的層面。

冥想療癒法

如果你在治療成癮症、過去的創傷或虐待，或者尋求內在覺醒與更深刻的連結，那麼冥想就是能帶給你和諧平靜很棒的方式。冥想能夠連結你的內在資源。每天練習冥想，是轉移你的意念最強而有力的方式，能夠將你的感受從恐懼轉為平靜，同時釋放你的壓力。

知名藏傳佛教金剛乘阿尼暨作家佩瑪．丘卓（Pema Chödrön），在著作《當生命陷落時》（*When Things Fall Apart*）談到冥想的益處：

> 冥想是一項邀請，邀請我們留意何時達到了自身的極限，不因希望和恐懼而過了頭。透過冥想，我們能夠清楚看見我們的思緒和情緒，而且我們也能夠放掉這些思緒和情緒。

關於冥想最鼓舞人心的是，即使我們關閉自己，我們也不再是在無知的狀態下關閉。我們是非常清楚的看著自己關閉。這件事本身就能給無知的黑暗帶來光明。我們能夠看到自己是如何奔跑和躲藏，讓自己很忙碌，好讓自己的心永遠不被看透，而且也能夠看見我們能夠如何開放與放鬆。

從科學的角度來看冥想，也揭露出我們的大腦有能力實際上自行重整。神經可塑性，是我們大腦改變與適應環境的能力。杏仁體是大腦中負責情緒、生存本能與記憶的區域。杏仁核的神經可塑性會受到強化，因為練習冥想會融合邏輯的左腦與直覺的右腦，給大腦創造持久且正向的改變。

藉由讓大腦中的神經渠道釋放神經傳導物質多巴胺和血清素，冥想能夠給中樞神經系統帶來平靜，並且讓身體自律功能健康調節。這些神經傳導物質，負責調節大腦的愉悅與情緒回應中心，能夠舒緩焦慮和抑鬱，促進睡眠。冥想也有助改善記憶力，強化認知和功能性表現，並且提升大腦的處理效率。

冥想為個人帶來的益處可能很細微，但會隨著時間增加。透過練習冥想，你可能更深度的感受安寧、平靜、連結、感激、愛、可能性、擴展、希望、健康、信心、耐心或想像力。這些只是冥想能帶給你的部分心理與生理助益，你只需要閉上眼睛，將所有的電子產品轉為靜音模式，然後往內在探索。

冥想可以成為你的靈性或宗教修行，就和我一樣。我發覺在我練習冥想時，時間也延展了。我熱愛冥想，也渴望冥想，一天沒有冥想就有些失衡的感覺。生命並不會為我們暫停，因此，我們必須每天自己創造那暫停的時間，透過我們的內在的雙眼看見世俗之外的廣大宇宙。

透過引導式與無聲的冥想，沉浸在以無條件之愛為基礎的靈性真理，我們能夠與這個世界之外的世界完全連結。網路影音平台YouTube上有些我最愛而且也推薦的線上冥想影片。我訂閱了〈老實人〉（The Honest Guys）冥想頻道。我也很享受參與歐普拉・溫芙蕾（Oprah Winfrey）和狄帕克・喬布拉透過線上「二十一天冥想體驗」（21-Day Meditation Experience）所提供的引導式冥想，以及亞伯拉罕-希克斯（Abraham-Hicks）的冥想活動，這些資訊全都可以在本書的資源區找到。

其他時候我會安靜坐著，閉上眼睛，吸進愛，然後呼出愛。當開車在車陣中或在旅途中，我會關掉音樂，然後吟唱著「嗡」（Om）。我喜歡感受嗡在我口中以及貫穿我頭部的震動。我也請求你們，如果要從這本書中找出一件事積極主動練習，那就開始每日的冥想練習，並聚焦在寬恕與愛，這可能是你在此刻能為自己和為這地球所做的最好的事。

冥想的益處可能最少四分鐘就能體驗到。看你能投入多少時間，就從那時間開始，然後慢慢增加。一陣子之後，你就能夠很熟練的在任何情境中立即進入冥想狀態。記得你是在你的心智中創造一個內在聖殿。如果想要了解關於冥想的十種獨特方式，有一本很棒的書可以閱讀，就是我的好友班傑明·迭可（Benjamin Decker）的著作《冥想入門超ＥＡＳＹ：十天學會內心平靜，思緒清晰的腦內運動》（*Practical Meditation for Beginners: 10 Days to a Happier, Calmer You*）。如果你不喜歡在一個定點盤腿而坐，那麼班傑明在書中概述了許多種其他的冥想方式。

此外，你也可以選擇召喚天上的大師、靈界嚮導、動物嚮導、靈氣療癒能量、耶穌、佛陀、大天使、守護靈和過世的至親，在你冥想時和你同在，或者在你生活中給你指引。他們隨時都會陪伴著你。我每天都感受到這些靈體穿過我的身心，給我寬慰的想法、訊息和指引修正我的道路。我所做的所有決定，不論是事業上的決定或個人的決定，都是根據我在冥想中接收到的指示所做。我要邀請你考慮增加你投入冥想練習的時間，不論是獨自練習、和夥伴一同練習或者團體練習。嘗試各種冥想練習的組合是很有趣的，也能藉此知道你喜愛的模式以及能量上會偏好的模式。

我了解並非每個人都會祈禱。我也知道並不是每個人都相信有更高的靈性力量。因此，我要請你擁抱你確實相信的事物。我要請你擁抱能夠給你希望、平靜和啟發的事物，以及能在你內心點燃渴望與目的的事物。我歡迎有著世俗信仰的讀者，利用你自身的基本信條作為基礎。對一些人來說，祈禱可能是對他們所認知的神，或者可能是沉思帶有轉變力量的世俗思想。在科學界，能量守恆定律指出，能量不能無故生成，也不能無故摧毀，而是從一種形式轉變為另一種形式。類比這樣的科學範例，或許允許你的想法轉換你當前所認知的現實，是個你能夠從世俗觀點去接納的療癒概念。

面對悲傷

在處理心理占星學裡凱龍星所呈現的核心傷痛時，很自然可能會揭露了失去和傷心甚至悲痛的記憶。伊麗莎白・庫伯勒－羅斯（Elisabeth Kübler-Ross）醫師開創性的研究，提出了死亡與臨終的不同階段，很值得在這裡提出來參考，因為我們從挖掘痛苦記憶到最後與之道別的過程中，也可能發現自己經歷了這些階段。這五個階段分別是否認、憤怒、討價還價、抑鬱和接受。當她和研究悲傷的專家大衛・凱斯樂（David Kessler）共同撰寫經典著作《當綠葉緩緩落下》（*On Grief and Grieving*）時，更擴大了這概念，提出悲傷的階段，伴隨有助於轉變的實用主義與憐憫。

我有幸曾在我的《萬物皆療癒》播客節目上訪問過凱斯樂。而他還進一步超越了經典的五階段，發現了第六個階段：找尋意義。凱斯樂最新的著作名為《意義的追尋：轉化哀慟的最終關鍵》（*Finding Meaning: The Sixth Stage of Grief*）。

這些階段並非一直線的步驟，每個人都會以某種順序經歷這些階段，這對他們自身的療癒是必要的。個人通常會在這些階段中循環數次，藉此能夠更深入的理解並整合每個階段的療癒。從悲傷和失去中療癒的過程並沒有對或錯的方式，那是個非常私人且因人而異的過程。

脈輪系統

在協助你與記憶（有些記憶可能已經沉寂多年）以及相關情緒和好的服務中，我會運用印度脈輪系統來做對照。脈輪是個能量系統，從我們的脊椎底部開始往上貫穿我們的身體，最後結束在頭的頂部。在身體的一百一十四個脈輪中，我們最熟悉的有七個。這七個脈輪對應了我們生命中的各個層面。脈輪橋接了我們的身心靈物質世界與無窮宇宙能量的靈性世界。

我們經常將我們的情緒連結到身體的各個區域。確實，有許多文獻記載顯示，諸如傷心、痛苦、憤怒、悲痛、焦慮、抑鬱和壓力等情緒，會在身體的不同區域呈現並且可能造成疾病。透過了解我們身體哪個特定的脈輪區域會受到情緒抑鬱啟動，就能透過自我照顧的工具來治療該脈輪，藉此協助我們的療癒，這些工具包括視覺化療法、聲音療法、水晶療法、冥想、穴位療法和靈氣療法等。

脈輪系統與悲傷的階段

1. 海底輪與否定

第一個脈輪在脊椎的底部。海底輪對應我們的原生家庭、過去重大事件，以及我們與地球的連結。

海底輪也對應了悲傷的否定階段。例如，我們可能難以相信至親已經過世，或者在我們的成長期間，父母染癮或不在身邊，或者一段關係結束了等等。海底輪受到任何重大紛擾，通常會讓我們覺得彷彿與實體層面、與地球及地球上一切的生命切斷了連結。

建議當我們在經歷這個悲傷階段時，尋求愛與清晰，並且在能量上將愛與清晰傳送給我們的海底輪，以協助其療癒。可能需要經過一番努力，才能接受並對我們無法改變的事情放手。

2. 生殖輪與憤怒

第二個脈輪在腹股溝部位，是我們的生殖輪，對應我們的性、創造力與情緒。

我認為生殖輪對應了悲傷的憤怒階段。我們可能在努力因應，關於我們的照顧者或情人未能滿足我們的需求、虐待我們、拋棄我們、過世所帶來未能化解的憤怒，或者對於我們遺棄自己的方式感到憤怒。在最正面的表達下，憤怒能夠推促我們採取行動，它能協助我們採取主動的步驟設下界線。如果沒有好好調適，憤怒可能帶來破壞性的影響。必要時，可以尋求協助處理憤怒管理的問題。反過來說，你也可能需要允許自己去感受並表達自己自然的憤怒情緒。

當我們在經歷這個悲傷階段時，我們要尋求愛與平靜，並且在能量上將愛與平靜傳送給我們的生殖輪，以協助我們的療癒。試著同理任何浮現的憤怒情緒，或許也需要給予寬恕，或者需要療癒羞愧與罪惡感等議題。

3. 太陽神經叢與討價還價

第三個脈輪在我們軀幹的中段區域，稱作太陽神經叢。這個脈輪對應我們的力量與自信。

我認為太陽神經叢對應了悲傷的討價還價階段。在這階段，我們可能在努力恢復自信和個人的力量，我們和無數的想法進行協商，以減輕悲傷帶來的痛苦。

隨著我們的思緒圍繞著過去的事件打轉，我們可能會用「要是怎樣就好了」的情境來折磨自己，例如，要是我這麼說或那麼做，那麼結果可能就會有所不同。或者，要是我沒有癮頭復發又開始酗酒，或許她／他就會留下來。或者，要是我能直接告訴他們我的感覺，那麼或許他們就會覺得我是個浪漫的伴侶。然後還有這樣的情境，要是我那時把車子往左轉而不是右轉，他們可能今天還會活著。這樣的討價還價不斷持續著。在經歷失去後或者在關於失去的記憶遭觸發後，我們現在可以理解，為何我們會如此努力要重新確立我們的穩定、我們的立足之地、我們的自信，和我們的內在核心。

當我們在經歷這個悲傷階段時，要尋求愛與力量，並且在能量上將愛與力量傳送給我們的太陽神經叢，以協助我們的療癒。可能還會有懊悔的感覺需要處理與接受。與身體的這個區域連結，可能也會有一些批評和自責的想法，需要去調整、轉移和療癒。

4. 心輪與抑鬱

第四個脈輪是心輪，關於愛與憐憫。心輪是中介的調節，橋接了下方關於性、侵略與力量的脈輪，以及上方關於較高執行功能與靈性的脈輪，這是身體散發愛與接收愛的區域。

我認為心輪對應了悲傷的抑鬱階段。經過一段時間，隨著我們允許悲傷的情緒透過淚水從我們的內心傾倒出來，我們同時也是讓情緒和淚水清除了我們的痛苦。

當我們在經歷這個悲傷階段時，我們要尋求愛與耐心，並且在能量上將愛與耐心傳送給我們的心輪，以協助我們的療癒。和我們身體心輪區域相關的議題就是失去——完完全全純粹的失去。主要的任務就是，我們在消化理解這階段中浮現的主題時，需要耐心對待。隨著一陣陣深沉的情緒浮上表面，要記得帶著無條件的耐心，溫柔有愛的對待自己。

我有許多客戶，很難在感到心煩意亂的時候允許自己哭泣，所以我去查閱了一些研究，想要協助他們允許自己的身體流淚。

科學證實，當我們哭泣時，眼淚會從體內排出三種壓力賀爾蒙。在此服務科學迷的你們——這三種賀爾蒙分別是「泌乳激素」（**prolactin**）、「促腎上腺皮質激素」（**adrenocorticotropic hormone, ACTH**）和「亮氨酸腦啡肽」（**leucine encephalin**）。這些壓力賀爾蒙需要被排除，才能維持我們的健全與安康。這重要的發現是出自醫師威廉・福瑞二世（**William Frey II**）。我將這資訊提供給你，讓你也可以分享給你的親人或客戶，假如他們在情緒調節方面也有過度抑制的情況。

當我們悲傷時，允許身體流露多少情緒的程度，以及我們為接納、意義、安詳、平靜和愛所創造的能量空間數量，兩者之間是有關聯的。

5. 喉輪與接受

第五個脈輪是喉輪，關於真相、溝通和我們的口語表達。我認為，位於我們脖子與聲帶區域的喉輪，就相當於悲傷的接受階段。

在這裡，我們關於失去的經歷，開始趨近我們對於生命、改變、失去、死亡和目的的信念。在這階段，我們可能開始談論這人如何活出了豐盛的人生，而且也開始了解他們達到這狀態所做的決定，儘管一開始我們可能很難真正理解。舉例來說，我們可能開始談論，想要找到這件事帶給我們的學習，而且帶著這知識，活出更有目的或更有覺察的人生。我們的焦點開始從悲傷的心情轉移到自己身上，並且繼續往前走。現在開始相信，我們是會走出來的。

當你在經歷這個悲傷階段時，要尋求愛與致意，並且在能量上將愛與致意傳送給你的喉輪，以協助你的療癒。你最好能詢問自己是否有任何話需要跟誰說，因為喉輪是關於溝通以及確認最有助於溝通的適當形式，不論是面對面溝通，或者透過電話、簡訊、電子郵件或信件。有時，當這個脈輪區域被觸發，是因為我們可能還有些未完成的事需要處理。請鼓勵自己為你和為相關的人跨出這一步。

6. 眉心輪與找尋意義

第六個脈輪是眉心輪，也稱作第三眼，位於兩眼眉毛之間，是關於直覺、遠見和洞察力的脈輪。我認為眉心輪對應了悲傷的找尋意義階段。隨著我們能夠將悲傷交織融入生命之中，眉心輪代表著我們將先前階段中這種世俗痛苦，加以進一步轉化的能力。創造意義的能力，是身為人類的我們與其他物種有所區別之處。

當我們陷入深沉的情緒中，可能很難脫離，而我們有能力運用創造力去發展出真言、希望與肯定，在這些有需要之時能夠擷取使用。創造新的陳述來引導我們回歸自身的價值，也會協助我們度過情緒沉重的時刻。

當你在經歷這個悲傷階段時，要尋求愛與焦點，並且在能量上將愛與焦點傳送給你的眉心輪，以協助你的療癒。我們需要有能力，就我們的悲傷創造新的陳述，才能成功整合並在失去之中找到意義。不幸的是，我們面臨的一些最沉痛的失去，通常是完全沒有道理的，像是孩童去世或是校園槍擊。這時我們可能要轉向靈性或更高的意義求助，才有辦法面對這樣的悲劇。

與無形或靈性的層面有所連結，或者和自然、文學、藝術、詩詞、音樂、舞蹈、電影、戲劇、創意等等有連結，是我們可以帶著正念去追求與擁抱的事物，特別是當我們感到困惑，或者無法理解關於失去和悲傷情境背後的意義時，不論是非常個人的情境或全球範圍的情境。

如果是後者，那麼你並不孤單，有許多人也努力要了解今日世界上發生的一些殘酷事件。我們有許多人曾經親身經歷過這類侵害，包括虐待、遺棄、個人創傷、大規模槍擊事件或隨機暴力行為。對我們來說，這些事件通常沒什麼道理可言，或許永遠也找不到道理。

我確實知道的是，點滴的痛苦，有可能讓我們變得比現在更為成熟，讓我們能夠成為更美好的人，只要我們允許這過程發生。重點是我們要溫柔扶持著珍貴的自己，同時持續進行內在的療癒工作，並且感謝那些愛敞開了我們的核心，讓許多的奇蹟能夠透過我們而誕生。

從許多美國年輕人站出來支持槍枝管制，可以看到這類成長的好例子。由學生組織的「為我們的生命遊行」（March For Our Lives）在二〇一八年三月二十四日舉行，就是集體團結在悲傷中找尋療癒的強力典範。

從許多方面來看，這本書是我個人對於自身核心被敞開的回應，而在我無法理解原由的狀態下，我開始寫作。透過這個創意的形式，我找到了平靜與意義。

7. 頂輪與來世

第七個脈輪是頂輪，它位在頭頂上；頂輪讓我們能夠連結到更高層次的意識與覺知。它將我們連結到宇宙的知識，連結到無限且無形的知識，這一切都是超越我們在地球上的時空現實所能認知的。

如果還會有另一個悲傷的階段，我猜想可能會是和死後生命或來世有關的階段。許多人對這主題有其宗教、個人或靈性的信念，還有些人則不確定我們死後會發生什麼事。我們都會思考這件事，也會做臆測。這個階段可能會嘗試回答，這個我們詢問了幾千年而且可能還會永遠問下去的問題：我們的身體死後還有什麼？

凱龍星在十二宮位的意義

從第6章到第17章，我們會逐一探索凱龍星在每個星座所代表的意義。要記得，完整閱讀這本書，將有助於引導、處理與療癒，我們身而為人都會面臨到的問題。我發現，儘管凱龍星在我本命星盤中所在的宮位，指出了核心傷痛的主要區域，但我生命中還有其他問題，是和其他所有的凱龍星宮位有關聯的。

你也會發現完整探索凱龍星是有價值的，因為我們許多人都經歷過失去、遺棄或分手，曾經感受過斷裂、無力招架、不受重視、遭到忽略，或者創意遭到阻礙，抑或曾經有成癮症、有嚴重的健康問題，或者感覺有需要創造社群。然而，話說回來，你仍應特別關注你的本命星盤所呈現的核心傷痛。

在你的本命星盤裡找到凱龍星

下一頁的圖表列出了凱龍星在每個星座的年分，以及與該星座相關的核心傷痛，你可以在圖表中快速找到你出生時凱龍星位在哪個星座，藉此確認你最深沉核心傷痛的區域。

你的凱龍星位置會指出你的核心傷痛是什麼，而凱龍星所在的宮位，則會指出這傷痛在你的生命中如何顯現。

確認凱龍星在你本命星盤中的宮位

- 請上網站（www.nolatherapy.com/chiron）〔編按：直接掃描本書折口處之QR條碼〕
- 點擊網站上的「我的凱龍星」（My Chiron），然後會彈出另一個網頁。
- 在該網頁的欄位裡輸入你的生日資料。你需要盡可能正確的輸入出生日期、出生地點以及出生時間。如果你沒有確切的出生時間或日期，那就根據你所知的資訊做最有依據的猜測，然後使用該結果。
- 在送出並確認你的資料後，網站上會顯示你的上升星座、太陽星座以及本命星盤。

- 在本命星盤中，凱龍星會以⚷符號呈現。凱龍星的符號看起來就像一把鑰匙，這把鑰匙象徵著為無意識層面解鎖，或者意識的轉移。
- 把游標移到本命星盤的凱龍星符號上，就會有訊息框出現在上方，顯示你的凱龍星在哪個星座以及哪個宮位。

如何運用此資訊？

之後的章節中，你會了解到凱龍星的十二個核心傷痛區域，分別對應十二個星座。這資訊能讓你更進一步理解與理清生命中的模式與情境，同時也會協助你啟動改變，帶來成長、療癒與滿足。在接下來每個章節的開頭，都會有方框，其中的資訊會更明確顯示凱龍星在這位置，負傷與療癒的情況下可能各會有什麼感受。而在每一章的結尾，則會有肯定小語與實用建議，讓你能為新的思維模式奠定穩固基礎。

每一則肯定小語與實用建議，都已經過冥想並注入靈氣療法能量，來協助你的療癒旅程。

用出生日期找到你的凱龍星與核心傷痛

星座	出生日期	核心傷痛的成因或源頭
凱龍星在雙魚座	一九六〇年三月至一九六八年三月與 二〇一一年三月至二〇一八年四月	自我照顧與非物質世界
凱龍星在水瓶座	一九五五年二月至一九六〇年三月與 二〇〇五年三月至二〇一一年二月	連結與社群
凱龍星在摩羯座	一九五一年十一月至一九五五年一月與 二〇〇一年十二月至二〇〇五年二月	責任、成就與成功
凱龍星在射手座	一九四八年十二月至一九五一年十一月與 一九九九年九月至二〇〇一年十二月	真實與幻覺
凱龍星在天蠍座	一九四六年十二月至一九四八年十二月與 一九九七年一月至一九九九年九月	權力體驗與展現
凱龍星在天秤座	一九四四年十二月至一九四六年十一月與 一九九五年九月至一九九六年十二月	個人獨立
凱龍星在處女座	一九四三年八月至一九四四年十月與 一九九三年九月至一九九五年九月	身體健康與作息管理
凱龍星在獅子座	一九四一年六月至一九四三年八月與 一九九一年七月至一九九三年九月	創意
凱龍星在巨蟹座	一九三七年九月至一九四一年六月與 一九八八年六月至一九九一年七月	遺棄

凱龍星在雙子座	一九三三年六月至一九三七年八月與一九八三年六月至一九八八年六月	同理性同調
凱龍星在金牛座	一九二七年四月至一九三三年五月與一九七六年六月至一九八三年六月	忽視
凱龍星在牡羊座	一九六八年四月至一九七六年六月與二〇一八年五月至二〇二六年六月	重要性與價值

運用肯定小語

每一則肯定小語，都是為尋求療癒的特定核心傷痛量身撰述。肯定小語的目的，是要讓你用來置換凱龍星特定核心傷痛所造成的潛在信念。

再者，要讓肯定小語發揮最大效益，可以把肯定小語寫下來，放在生活中的各個地方，家裡、辦公室、車子、皮包或皮夾裡，讓你整天都能默念或大聲唸出來。

大聲說出來，是更強力的方式宣告你要成為的模樣。經過一段時間持續重複唸這些句子，它們就會成為你的新信念的基礎，在你的心智中生根，改變你的情緒運作，並且引導你的決定和行動。

在你唸出的同時，請允許自己帶著微笑把每則肯定小語深深吸收。任何時候，只要可以，就大聲唸出這些肯定小語，宣告自己要成為的模樣。致力於讓肯定小語在你的心理層面，帶來內在覺察的轉移。

經常重述每則肯定小語，會讓它更有力量，能轉變你的思考模式，進而給你的潛在信念帶來正面影響。這些從你的心智內產生的信念改變，會給你的體驗帶來新的樣貌。經過一段時間，這些內在的認知轉變，將會激勵你以不同的方式連結人事地物。你會在生命中以不同的樣貌現身，而生命也會讓你清楚看見自己開始創造的新模式。

隨著時間推進，你會開始感覺更快樂，而且自然會受鼓舞去創造美好的新體驗。你的生命會由內而外澈底改變。

當這本書和其他類似書籍內的肯定小語，已經深植在你的心裡，你也可以著手創造自己的肯定小語來運用與沉思。享受過程中的樂趣，並且盡情發揮創意。由於你很熟悉自己最深沉的需求，因此你也最清楚自己心智的陰暗處，需要暴露在寬恕與愛的光明中。你會發現你自創的肯定小語會支持你所需的療癒，讓你能夠進化成更好的自己。當你為自身的療癒負起個人的責任，你的努力所累積的效果，在情緒上、身體上和能量上會對所有人都有助益。

實用建議

我所列出的這些實用建議，給予你一些範例，讓你知道今天就能採取哪些實用步驟來改變自己的人生。至少嘗試一次，你可以藉此實驗，擴大或調整界線來創造親近感或距離，在你過度投入之前停下來檢視自己，評估你生命中的特定區域來進行調整或優化，對你害怕會離開的至親說出你的真心話，或者跨出第一步去投入治療。每一則實用建議，都是為其處理的特定核心傷痛量身撰寫。

了解你的宮位

每個占星宮位，都對應你生命中的一個特定區域、層面、領域或時間，如下列概述：

第一宮：你的身體、個性以及你擁有的特質，那些對外在世界來說最突出和最明顯的特質，包括性情、領導風格、自我，和你主動發起行動（或不發起行動）的方式。

第二宮：你的價值與資產，包括你的個人價值和重視的事物、道德、個人財務和物質財富。

第三宮：溝通與其課題，通訊設備與科技，手足或無手足，和小學時期遭遇課題。

第四宮：對於地點、安全、滋養、情緒制約、童年情緒環境、原生家庭（包含成長過程中的家人以及居住的地方）、目前家庭組成，以及你目前住處的感受。

第五宮：創意、孩童、遊戲、自我表達、浪漫戀情和樂趣。

第六宮：專業工作、每日例行事務、服務工作、運動、健身、節食、身體健康和疾病。

第七宮：與商業關係和個人關係有關的合約和夥伴，包括婚姻和離婚。

第八宮：共同的強烈情緒體驗，包括出生、死亡、性、轉變、他人的金錢與財物、神祕體驗、靈性和玄學。

第九宮：政治、宗教、法律、新聞、國外旅遊、研究領域、高等教育、個人生命哲學與世界觀。

第十宮：你的公共聲譽、社會地位、形象、角色、名氣、榮譽、成就與賞識、事業。

第十一宮：團體、協會、朋友、社會正義和人道主義理念。

第十二宮：無意識的心智、陰影、成癮、社會的外圍領域（監獄、精神病院、社會邊緣人）、結束與完成、靈性，以及運用個人的想像力於藝術、電影、舞蹈、音樂和詩詞。

在下面關於各個宮位更深入的描述中，還包含了關於你與該宮位關係要思考的問題。再者，很重要的是，要注意每個宮位所代表的領域與層面，同時更特別注意你的本命星盤中凱龍星所在的宮位。

如先前所述，你的宮位明確顯示出，你的核心傷痛如何在你的生命中呈現。要引導你的療癒努力，請看你的凱龍星所在宮位下列出的「需思考的問題」。透過結合你的凱龍星所在星座與宮位各別提供的資訊，你會更深入理解凱龍星的心理占星學如何在底層運作，你也會因此獲得力量，將無意識的部分轉為意識，給予自己的生命更好的引導。

舉例來說，如果你的凱龍星在雙子座位於第十二宮，或許你關於同理性同調的核心傷痛，顯現的方式是一個被誤解的小孩變成了成癮的青少年（這是第十二宮的一個傾向）。或許療癒的形式是透過第十二宮的想像力媒介，例如藝術、舞蹈或靈性等，來表達你真誠的想法。

占星宮位

占星圖視覺上看起來像個圓形的時鐘，從位在八點和九點之間的第一宮開始，逆時鐘繞一圈，結束在第十二宮，位置在九點和十點之間。每個宮位的描述，都是與你生命中各個領域和層面相關的敘述，是你需要注意的。這是你生命中需要檢視、需要詢問自己、需要創造改變的區塊。凱龍星所在的宮位，顯示出你生命中的區域、你個性中的層面，以及你的行為模式中有盲點和挑戰的部分，因此也是你的成長機會所在。

宮位描述如下：

⚷ 凱龍星在第一宮

第一宮是關於你的個性特質，那些對外在世界來說最突出和最明顯的特質，包括性情、領導風格、你的意識、自我、身體，和你主動發起行動的方式。

需思考的問題：

- 你是如何壓抑或限制了自己關於自我、身分認同或個性的表達？必要時，可練習引導式的冥想和本書中建議的肯定小語，來提升自尊心與自信心。
- 當有需要時，你是否能夠為自己和他人設下界線？關於你是否要投入你的能量和努力，你能夠如何設定清晰的界線？

給自己一個緩衝的時間來做決定，並且允許自己能夠回答「好」、「不好」或「有可能」。允許自己展現真實的你，讓真實的自己能夠發光發熱。

⚷凱龍星在第二宮

第二宮是關於你的價值與資產，特別是你的價值觀、道德、個人財務和物質財富。

需思考的問題：

- 關於第二宮的領域，你面臨了什麼樣的困難與問題？
- 你是否感覺必須為了金錢而傾盡所有的心力？如果是的話，那麼你可能要考慮培養對金錢的安全型依附，而不是焦慮型或逃避型依附，這有助於你獲得並維持你所需的物質資源。
- 你要如何將支出控制在能力範圍內，同時尋找增加收入或讓收入更多元的方式？你要如何讓自己的支出習慣能夠符合自身的收入狀況？

熟練的執業者能夠協助你，處理你和金錢關係中的情緒和能量元素。尋求財務規劃人員的協助，能夠幫助你重整財務以及未來規劃。

增加物質資源流入的一個方式，就是做公益捐款或志工服務。要清楚自己的價值觀是什麼。

確認一個能夠反映你自身價值觀的個人獨特道德準則，讓你自身能夠有所依從。有需要時，請修補改善與他人的關係。找到指導原則或採納一條靈修之路，來指引你的行為。或許可以從遵行恕道的為人準則開始，也就是說，以自己希望被對待的方式去對待他人。

若要能持續富裕，就要從內心到財務上的所有事務中，都竭盡所能活出愛與仁慈的精神。

凱龍星在第三宮

第三宮一般來說，是關於溝通及其相關課題、通訊設備、兄弟姊妹或無手足和小學時期的課題。

檢視你可能曾經刻意或不經意溝通了不正確資訊的方式，尋求讓你的口說和書寫語句能夠符合你希望傳達，以及希望被聽見和被理解的意思。

需思考的問題：

- 你是否有些和手足相關的未解問題，是你想要解決的？例如，你可能想要你的父母再生個小孩，這樣你才不會是獨生子或獨生女。跟你的父母或照顧者談談，或許是可以解決這問題的選項之一，如果你覺得他們會用開放的態度聆聽你的想法的話。

✔你是否需要重新檢視並療癒在國小時期遭遇的問題，由療癒執業人員協助，或找信任的親人談談？

✔你在就學時是否曾遭霸凌，或者你是否曾霸凌他人？

建議找療癒專業人士來協助檢視霸凌的影響，但不論情況為何，對你的健康最重要的是，在你回答這些問題時，要花一些時間陪伴內在那個年幼時的自己。

⚷凱龍星在第四宮

第四宮是關於你對地點、家、安全、照顧滋養和情緒制約的感受。這宮位是關於你的原生家庭（包括成長過程中的家人以及住處本身），以及你成年後的家人或住家。

需思考的問題：

✔你的家中是否有持續一致的愛與滋養？

- 是否有暴力情況或不可預測性，或者你的家庭經常在搬遷？
- 你原生家庭中的情緒氛圍如何？

創造任何程度的秩序、安全、美好、平靜和喜悅，對你的療癒非常重要。或許可以從清理雜物開始。把過去兩年內都沒穿過的衣物捐贈或出售，特別是會引發與過去經歷或關係相關負面情緒的物品，務必要清除。

在你的生活環境中做這樣的調整和改變，會對你的情緒健康有正面的影響，而且能夠重塑你對「家」的體驗與關係。

尋找讓你的住處變得更有真正家的感覺之方式。將你的居住環境打造成愛、平靜與安寧的避風港，能夠帶來療癒的效果。

⚷ 凱龍星在第五宮

第五宮是關於創意、孩童、遊玩、自我表達、浪漫戀情和樂趣，檢視取用與表達你自身創意的方式，讓你的內在小孩能夠活躍呈現。

需思考的問題：

- 你如何找到樂趣並體驗樂趣？
- 什麼能讓你發笑？
- 你喜愛什麼事物？是自然、運動、戲劇、藝術、烹飪、音樂、親密關係、性、浪漫戀情、冒險、陪伴你的小孩、當志工、旅遊，或者上述一些活動的組合？

把你的信念系統中關於創造、遊玩、體驗樂趣和浪漫戀情等能力的區塊，轉化或移除，將會讓你有空間做新的體驗。

你可以考慮和朋友聊聊，詢問他們如何處理這些議題，以及他們會從事哪些活動。你可以尋求執業療癒者的協助，或者你可以花些時間記錄你的夢想與渴望的展現方式。或者可以從事療癒冥想練習。

允許自己去探索你的渴望，並且盡可能投入這些活動，來強化你生命中的這個區塊。

⚷ 凱龍星在第六宮

第六宮是關於你的專業工作、日常例行事務、服務工作和身體健康。特定的區域和你的健康有關，包括健身、節食、運動和任何疾病傾向。你是否正經歷健康問題，或者有持續復發的健康問題？

需思考的問題：

- 你可以如何強化自己的免疫系統，來協助預防疾病與不適？
- 你是否按照處方服藥？
- 你是否每年做健康檢查，並且遵照執行醫師的建議？
- 你是否依照規定的時間間隔做大腸鏡檢查？
- 如果你是女性，是否每年都會做子宮頸抹片以及乳房X光檢查？如果你是男性，是否依照規定的時間間隔做攝護腺檢查？
- 你是否健康飲食，並且每週規律運動？

- 你的體重是否在相對於身高的理想範圍內？如果不是，你可能要研究並採行節食計畫。或許要諮詢護理師、醫師、營養師、自然療法師，或其他類似的健康照顧執業者。
- 你的日常例行事務，是否反映健康的工作或生活平衡？
- 你是否有管道可以實現你對服務的渴望，可能透過參與志工或者其他服務工作？

這些都是需要考量與檢視的區域，來確認你可能需要做什麼樣的調整，才能有最佳的健康狀態。

⚷ 凱龍星在第七宮

第七宮與夥伴及合約有關，不論是私人領域或專業領域，包含婚姻、離婚和商業。

需思考的問題：

- 你是否賺到你應得的錢，或者你需要溝通薪酬，以符合你的專長與年資？

✓如果目前的合約已經不再適合你，是否需要重新協商或者終止？

✓你的親密關係或婚姻是否脫離正軌，是否需要關注？

✓你和伴侶是否都感覺被愛、志得意滿、被支持、被看見、被聽見和獲得滿足？

✓如果你單身，你是否是個你會想要在一起的人？

✓你的生命中是否有需要寬恕自己的事情，才能在情感上獲得自由去追逐和創造你想要的關係？

檢視你生命中的這些區域，藉以洞悉並做出必要的適當改變。

⚷凱龍星在第八宮

第八宮是關於強烈、情緒化且眾人共有的體驗，例如出生、死亡、性、轉變，和他人的財產及財務。這宮位也和神祕體驗、靈性以及玄學有關。

需思考的問題：

- 你如何維持你的心理以及靈性健康及連結？
- 在你的個人生活中，有什麼是你需要檢視而且可能要放手的？
- 從較廣泛的角度來看，是否該是時候放掉那些已經對你無益的人、地或事物，並且在這些領域發展新的連結？
- 你是否進行靈性修行，滿足你的靈魂想要與源頭更深刻連結的需求，又或者你是否在過著某種服從的生活，無法滿足你最深沉的渴望？
- 你和他人的連結，是否滿足你想透過強烈的共同體驗，來探索自己與他人的需求？
- 你是否完整活出能夠在身體、情緒、心理、性和靈性上，點燃自身熱情的生活？
- 你是否負責任的處理他人的財務？

若不是，請進行必要的改變，方能在這些領域能量滿滿的生活。

⚷凱龍星在第九宮

第九宮是關於政治、宗教、新聞、國外旅遊和高等教育等議題，包含我們的人生哲學與世界觀。

需思考的問題：

- 是否有什麼課程是你感興趣的，或者有什麼你因為其他責任在身而擱置的研究計畫？現在可能是時候重拾這些夢想和目標，並且制定達成的計畫。
- 你是否有任何進行中的訴訟需要處理和解決？
- 你是否想要支持某個理念，致力為某個弱勢群體帶來正義？
- 有沒有什麼你夢想的旅遊地點？
- 你能否開始研究在未來進行這趟夢想的旅程，規劃要住哪裡、去哪些景點、吃哪些你想吃的美食？

請允許自己去探索這些領域，並且以任何可能的能量去投入，藉以活出你的完整潛能。

⚷凱龍星在第十宮

第十宮是關於你的公眾形象、社會地位、名聲、榮譽、成就和事業。

需思考的問題：

- 你在社交媒體上、工作場所內、家庭中、朋友之間和所有的關係中，是否投射出期望的形象？
- 你是否打腫臉充胖子，讓你看起來符合某種社會地位，但也因此備感壓力？
- 你的工作和成就是否獲得肯定？
- 你是否有將功勞歸於正確的人，讓他們也能獲得認同賞識？
- 你的生活是否符合自身的價值觀？
- 你是否只是為了賺錢而工作，還是對你的事業與副業充滿熱情？

由於這宮位與公共形象以及對該形象的認同有關，因此請釐清任何誤解或災禍，以便投射最良好且最適當的形象，讓他人能正確的理解和認同你。

凱龍星在第十一宮

第十一宮是關於團體、協會、朋友、社會正義和人道主義理念。要有幸福快樂的生活，與他人保持連結很重要。當你開始覺得寂寞或孤獨時，請務必去接觸他人。

需思考的問題：

- 你是否擁有重要且真誠的夥伴與朋友，是否有分配時間來滋養這些關係？
- 對於和你心靈有共鳴的組織和社區活動，你是否有足夠的參與？
- 你是否在某個組織當志工，或者你是否會組織活動來支持你珍視的理念？
- 是否有任何社會正義議題，是你想要發起連署或群眾活動的？或許你可能會參與民眾抗議或集會活動？讓你的聲音被聽見，因為每個聲音都很重要！

⚷ 凱龍星在第十二宮

第十二宮是關於無意識的心智、陰暗面、成癮和社會邊緣，例如監獄和精神病院。這宮位也關於結束與完成、靈性，以及運用想像力於藝術、電影、舞蹈、音樂和詩詞。

需思考的問題：

- 你生命中是否有隱藏的部分需要帶入你的意識內？
- 你能否利用各種療法來取代成癮症或強迫症，例如透過藝術、影片、舞蹈、音樂、劇場、電影或詩詞？
- 你是否需要解決訴訟問題？
- 你是否拿以往的過錯來批判自己，也因此需要開始為自己找尋寬恕？
- 你是否記錄自己的夢境？
- 你如何運用自己的直覺來處理個人與專業事務？

在第十二宮住著凱龍星核心傷痛中一個極為靈性課題，並透過與無形或靈性的連結和透過培養自我照顧來療癒。

如果你本命星盤裡的凱龍星落在這宮位，你是在一個強大的位置，能夠把對藥物、酒精、性、運動或食物的成癮症或強迫症加以提升。同樣地，你能夠透過靈性、自然和服務，化解任何法律問題、身體健康問題或者心智健康問題。誠實的檢視你的內在，並且詢問你真正需要處理的是什麼。你能夠透過面對你的錯誤想法，改善你與自己受傷不被愛那部分的連結，並用真誠將它們昇華。

凱龍星在牡羊座

關於重要性與價值的核心傷痛

負傷凱龍星的感受

沒有存在的權利

根本上是個「錯誤」

過度自給自足

已療癒凱龍星的感受

討人喜愛的

值得的

有權利存在

凱龍星在二〇一八年四月十七日進入牡羊座，會在牡羊座停留八年左右。從歷史上來看，當凱龍星進入牡羊座時，關於人權、個人自由和社會變遷的法律，就會啟動修法。凱龍星在牡羊座是關於採取行動掙脫束縛。凱龍星在牡羊座，為咆嘯的二〇年代和禁酒時期帶來了性革命（其實我們都知道禁酒時期實際上完全沒有禁止的效益）。東德在一九六八年將同性戀除罪化，而西德則在一九六九年跟進，隨後墨西哥、瓜地馬拉、日本以及美國部分州，也同樣跟進除罪化。帶來突破的石牆暴動（Stonewall riots）發生在一九六九年的曼哈頓，而第一屆同志驕傲遊行則是一九七〇年在紐約舉行。一九七二年，水門案（Watergate scandal）爆發，而一九七四年美國總統因水門案請辭下台。所有這些事件，甚至還有更重大的事件，在國際間上演，就是受到凱龍星在牡羊座的強大影響；這組合鼓舞了我們去採取行動、發出自己的聲音、爭取自己的權利，並且真切地做著我們自己。那麼凱龍星在牡羊座對個人會有什麼樣的影響呢？

凱龍星在牡羊座，會讓你孜孜不倦的追尋穩固且強健的身分認同，而這也驅動了你的生命體驗。在此同時，心理占星學上的凱龍星，在牡羊座會創造同時發生卻又相互衝突的情緒體驗，你可能感覺彷彿已經找到自己的身分認同，但你又必定會判定這是個軟弱的身分認同。因此，你會一而再、再而三的發現自己處在必須把自身需求降到最低的情境中。在最糟的情況下，你的需求會被他人所忽視。這樣間歇性的需求失衡情況，突顯出你的自我貶低以及重要性與價值感問題。

由於你變得極為配合他人與他們的需求，因此有時候你甚至很難知道自己想要什麼，感覺就像你和自己斷了連結，似乎你的自我被遮蔽了，你總是無法被看見、被聽見或被認同。

這樣的經歷削弱了你的自信，而你吸引自身真正渴望事物的能力也受到阻斷。你不但沒有直接表達自身需求，並保護自己免於不被重視與受到貶低的痛苦，反而是採取了補償與適應的因應機制。

你因此面臨了在職業上燃燒殆盡而在私人生活上過得不快樂的風險。會發生這情況是因為你持續的討好他人，並且把他人的需求放在第一位。讓自己承擔過多事務，是你根深柢固的習慣，想藉此降低衝突。你認為在家庭、團體或組織裡維持和平，是你必須要做的。

你因此感覺筋疲力盡，感覺被掏空了。你在私底下可能會有孤立無援的感受，但同時又帶著希望，期待有一天你的慷慨寬厚本質會突然被看見、被愛、被珍惜。

你追求愛的方式，是建構在你必須努力付出才會被愛這樣的錯誤信念上。邀請你思考一些你在童年時沒有學習到的事情，但現在依然能夠接納並且全心擁抱這概念，也就是你並非必須努力付出才能被愛，你本是值得被愛的，你本是有價值的，你本是夠好的——只要你做自己。

你要做的只是，放掉那些自我貶低和自我挫敗的信念，這些信念是會傷害你的。在允許他人管理他們自己的衝突之際，你也能夠學習擁有並表達自己的個人喜好，以正面且富有意義的方式直接表達。

心理上負傷的自我，伴隨對自我價值的貶低，會導致抑鬱、孤立和不重要的感覺，導致對於未來的困惑感。

在你經歷這些艱難的情緒時，很容易出現適應不良的因應行為，例如透過藥物濫用或依賴性來傷害自己，或者緊抓住不再感覺良好或不再對你有益的關係與連結。

自我批評與責難，通常會讓我們陷在一段不健康的關係或情境中。我們不想放棄，不願繼續前進，因此我們可能會留下來然後自行亂服藥。佩瑪．丘卓對這模式如此描述：

> 我們大多數人都沒把這些情況當成是種學習。我們很自動會憎恨它們。我們會逃之夭夭，會用各種方式逃走——所有的成癮都是源自這一刻，當我們看到了自身銳利的那一

面，而且我們無法忍受，我們覺得自己必須要將它軟化，鋪蓋個什麼東西，而我們也沉迷上似乎可以緩和痛苦的那些東西。相對地，當我們看到自身的銳利面，我們可以認知到，我們眼前有個重要的成長機會。待在這體驗中，讓我們所感受的特質深入內心，不要去反抗和壓抑。

自我傷害的行為，會強化我們認為自己微不足道的感受，因為，那行為會讓我們帶著責難去批判自己。我們或許會對外呈現出過得很好的形象，然而我們私底下可能獨自受苦。別再如此嚴厲的自我批判，並且在生命中提升愛自己的比例，這麼做能夠創造心理與能量空間來培養自我的珍重與價值。透過致力於優先考量我們自身的需求，我們也能學會珍惜自己。伴隨脫離過度承擔事務的狀態，我們就能有所轉變，開始體現我們真正的價值。

我們必須溫柔有愛的為過去沒能挺身支持自己，來負起責任。然而，我們並不會因為犯錯就變得沒有價值。我們的身分認同並非烙印在我們的錯誤中。每次的失誤都是一次學習與成長的機會，能在下一次有不同的作為。

如果祈禱是你生活中的一部分，也是你會運用的工具，那麼我要分享給你這則取自瑪莉安・威廉森著作《奇蹟的一年》中的祈禱文，它或許可以協助你憐憫的看待自己：

我犯了過錯，而我要為之贖罪，但我的過錯並非我的本質。今日，願我能成為我受召要成為的人，願我的想法與行動都榮耀愛的光輝。

在我的內心裡，就和所有人內心裡一樣，有著神聖造物者的光。我所做的，或他人所做的，我所想的，或他人所想的，都不能熄滅住在我內心的光。我祈禱能看見他人的完美，也能看見我自身的完美。我祈禱有力量寬恕所有人，也有力量寬恕我自己。我祈禱有能力去愛所有人，也有能力愛我自己。

由於我們核心價值觀與價值感受傷是發生在童年時期，因此我們需要給予我們的內在小孩同理與溫柔的對待。我們的內在小孩，是自身成年自我狀態內的年幼自我部分。她／他／他們通常會在我們感到受傷、脆弱、焦慮、逃避、嫉妒、心煩意亂、不踏實、憤怒、恐懼，或自我懷疑的時候現身。我們的成年自我狀態，通常會叫那個脆弱的內在小孩走開、安靜點或者去躲起來。如果你去壓抑這些不舒服的脆弱感受，以至於這些感受都變成了無意識狀態，它們可能就會開始把你的人生引導到自我破壞的方向。

要轉化並療癒這個傷痛，需要透過支持與同理的訊息，來滋養與珍愛你的內在小孩、青少年和成人。由於我們的核心價值觀與價值感受傷是發生在童年時期，因此我們需要給予我們的內在小孩同理與溫柔的對待。而要轉化並療癒這個傷痛，則需要透過支持與同理的訊息，來滋養與珍愛你的內在小孩。

這啟動了注入健康自尊心和正面自我感受的過程，不再把這工作交到他人手上，進而導致自己的情緒如雲霄飛車般大起大落。

透過每日引導式的冥想，專注在寬恕與愛，可加速療癒的過程。制定規律的自我照顧計畫，包括挪出時間和空間來思考和評估，你投入的事情是否真的對自己有益，又或這「責任」只是讓自己保持忙碌的藉口，以便讓你與不愉快的情緒保持距離？

這些被避開的東西，最終都會浮上表面，而且通常是以意料之外的方式出現。去面對處理這些因為過去受虐的經歷，或者因為你將自身力量拱手讓人所造成的憤怒、羞愧和悔恨感受，將可清除自身那些遭到忽視的陰暗元素，否則這些元素只會在被當前的事件或情境觸發時爆出來，然後這些沒被照顧到的感受，就會形成一個負面的反饋迴圈，反而使你真正的需求無法被滿足。

下面是我在二〇〇一年寫的一篇日記，是最近在寫這本書整理資料時發現的，內容是我的內在與羞愧、憤怒和悔恨感受拉扯的過程，當時我正努力面對和處理這些感受，這些因為我在成長過程中沒被看見、沒被聽見、沒被重視而逐漸累積下來的感受。

在這篇日記最後，我了解到，與其向他人尋求認同，我必須要認同自己。這樣的領悟，讓我能夠開始療癒自己的核心傷痛。透過療癒，我也讓自己能夠觸及自身的內在覺知，開始找回自身的力量。以下就是我的這篇日記，看看你是否有共鳴。

我的心把自己鎖了起來，遠離痛苦，遠離拒絕，遠離批評，遠離恐懼，遠離遺棄。恐懼的高牆將她保護著，不受你的傷害。

很久以前在一個遙遠的地方，她的長者的聲音對著她大聲說話。他們說：「我們看不到你，我們不需要你，我們根本不愛你，滾出我們的土地！」所以她離開了。多年來，她持續奔跑著，想著自己的靈魂一切安好。

但她永遠無法逃離她的長者的聲音太遠。他們的聲音透過她信任且愛著的人說話。他們透過自身的行動背叛了她。

他們軟弱的雙眼看不見的東西確實存在。她孤獨的鎖在自己的心中，她感受到他們的失敗——他們沒能看見她。

恐懼的高牆，承諾保護她免於痛苦，但卻使她麻痺了，無法說出愛的真相。

我自己的心為何會阻止我揭露我的需求？高牆是無用的，但卻堅不可摧。

她計畫著，有一天要有所不同。我相信那天已經到來——如此突然。她疑惑著那些遙遠地方的長者是否會注意到她？不管他們會不會——我會的。

作為一個凱龍星在牡羊座的個人，你深刻的需要自己的力量、能力與創意，能夠被看見和被聽見。讓我再說一次：從你的內在深處，你能夠認同自己的力量、值得被愛之處以及創意。然後他人就會開始反映你已經確知的自身真相。寬恕自己，就能讓創意能量的泉源很純粹、喜悅且不受阻礙的從你的內在湧出。最重要的是，你擁有似乎無窮無盡的能量供應，能夠給你自己和給這個世界帶來很大的改變。

有許多人協助我突破我自身受限的信念，其中一個人就是快速轉變治療（Rapid Transformational Therapy）的治療師瑪莉莎．皮爾（Marisa Peer）。她是國際知名的治療師、演說者和作家。皮爾創造了一部很棒的影片在YouTube上，影片是在心谷學院（Mindvalley

Academy）拍攝，名為「我已經足夠」（I Am Enough）。如果你還沒看過這部影片，而且你的凱龍星核心傷痛在牡羊座，我會叫你快跑起來，不是用走的，而是跑去你的手機或電腦前，馬上把影片點開來仔細觀賞。瑪莉莎直擊我們的傷痛核心，點出了我們真的已經夠好了，就是我們在此時此刻當下的模樣。

若是要在我們的心智中創造持久的改變，那麼規律的將我們暴露在我們想要創造的思維模式中是很必要的。這個改變的過程，能夠持續阻斷負面且適應不良的思維模式。擁有正面的支持系統則能時時提醒我們，自身真正珍貴之處，就扎根在我們純粹且寶貴價值中。經過一段時間，這練習會開始迅速轉移那些我們對自身把持的負面核心信念。

凱龍星在牡羊座的陰暗面，可能埋藏在你的無意識層面，並且顯現在會引發他人不必要批評的行為中，而不是帶來你希望獲得的理解與同理。對凱龍星在牡羊座的人來說，這會以自我犧牲的傾向來顯現。犧牲自己是種終極的自我消耗，你以為你是犧牲自己來幫助他人，但你卻受到批評。儘管你做了最大的努力，他人仍對你有負面的認知，因為你提供的幫助是不請自來的。

當你發現自己處在這狀態，詢問自己在哪裡違背了自身的內在覺知與界線，或者你什麼時候自以為比別人明理，因而認定自己不請自來的提出建議是在幫助對方，這樣的詢問、回想過程是會有幫助的。這些不健康的模式可能造成你過度透支，造成心智與情緒上極度精疲力竭。

因此，請為自以為的自我犧牲行為負起責任。預先考量到一些你認為自己可能會覺得沒價值或失去力量的情境。不需要再當個犧牲自己的烈士，也不需要再擅自給他人建議，就算你真的認為自己腦袋更清楚。相反地，你可以詢問他人是否有興趣聽聽你的建議。

請安於自己新的人生道路，並且允許他人去尋找他們自己的道路。「我的努力無法超越客戶願意的程度。」這是各類治療師經常會說的話。請設定內在的界線，抑制自己為他人做太多的自我挫敗模式。你能夠學習各種方式，讓他人知道你是支持他們的，但無須承接他們的罪惡感、恐懼、壓力或羞愧，也不需要試圖為他們解決事情。他們必須用自己的方式，在他們自己的完美時間點，自己做這些功課。

實用建議

- 若他人請求占用你的時間、能量或資源，而你可能感覺不確定是否要答應，回覆之前，請花一些時間（必要時可以長達數日）做個人的盤點。這會給你時間去確定，做出這個承諾，是否會強化或削弱你在維持的和諧與平衡。如果有人請你為他們做些什麼事，你可以考慮用這樣的說法來回覆他們：「或許可以。我先查一下我的行事曆，晚點再回覆你。」在你能夠在當下設定健康的界線前，先運用這樣的陳述回覆。這會給你一些緩衝時間靜下心來，去檢視自己真實的感受。你要達到的目標是，在能維持自身能量儲備的情況下，才去服務他人。
- 請設定健康的內在界線，同時練習讓自己熟練，透過必要的休息時間來照顧自己，並且達成你當前的責任，這目的是要打破過度透支的循環。如果某個承諾已經不再適合你，請了解，重新協議是沒問題的。人們會尊敬你的率真與正直，而且由於對自己的尊重，你也因此會對自己有真正良好的感覺。
- 要留意任何可能造成煩亂感受的底層想法和信念，那些想法與信念可能導致適應不良的因應行為，最終造成自我破壞。要對自己講話，好像你是在讚美另一個人一樣，稱讚自己做得很好！每天都給予自己這類正面的鼓勵。

✔成為自己內在的教練與啦啦隊。你可以告訴自己的鼓勵話語，包括：「我做得很好。」「我有進步。」「我好愛你。」「我非常寶貴。」「我正在成長。」「咱們繼續努力。」還有「你做得很棒。」

肯定小語

「我擁有存在的權利。」

「價值在我的內在。」

「我是夠好的。」

「我是值得的。」

凱龍星在金牛座

關於忽視的核心傷痛

負傷凱龍星的感受

缺乏自我價值

缺乏穩固或安全的感受

價值感是以物質財富為基礎

總是很脆弱

已療癒凱龍星的感受

信任身體的智慧

寬恕內在小孩

值得愛的承諾

金牛座掌管我們的物質資源和我們的價值系統。在心理占星學中，凱龍星在金牛座會產生在這兩個領域的匱乏感，包括從忽視到全然欠缺。凱龍星在這位置突顯出關於倫理、道德和財務金融的主題。

當年的黑色星期二，正值凱龍星在金牛座之際；一九二九年十月二十九日紐約股市崩盤，俗稱黑色星期二，而這也是經濟大蕭條的開端。一九三一年，美國黑幫大老艾爾·卡彭（**Al Capone**）因逃稅罪名被判刑入獄，以及一九三二年時美國聯邦調查局犯罪實驗室（**FBI Crime Lab**）設立，是凱龍星在金牛座期間美國價值系統療癒的兩個例子，展現出凱龍星在金牛座療癒和支持財務與道德價值的能力。下一個凱龍星在金牛座的世代誕生在一九八〇年代初期，是俗稱的千禧世代。這個世代在二〇〇〇年代末的大衰退時期（**Great Recession**），和二〇一〇年代初期成年。大衰退時期出現大量的青年失業人口，造成這個世代長期在經濟與社會上的挑戰。凱龍星在金牛座突顯出關於倫理、道德和財務金融的主題。而凱龍星在金牛座，對於你做為個人來說有什麼影響？

如果你的凱龍星在金牛座，可能的情況會是這樣：在你的成長過程中，可能有過被忽視的經歷和體驗，結果造成自我價值和自尊心受創。你可能曾經在性方面遭到脅迫，可能經歷過性虐待、創傷、攻擊、強暴、剝削或人口販賣。

在你對療癒的渴望中，你可能曾經無意識的採取防衛機制，來壓抑羞愧、脆弱和無力的感覺。透過運用補償的方式來感受價值和控制，並且掩蓋低自尊心的情況，你可能做了很大的努力，追逐財務增長、物質財富或性方面的征服，藉此顯示個人的力量以及對自己生命的掌控。

對你來說，脆弱的感覺可能很有挑戰性，因為你可能認定那感覺就是種軟弱的表現。在過去，你若要展現脆弱的一面可能通常很不安全。脆弱會讓你無助，而且會被意圖不良的人所利用，這些人最後都傷害了你。

因此，你的想像中可能充滿了對於權力和支配地位的渴望，這是因為你曾經是沒有權力的受害者。用健康的方式把那受害小孩的力量拿回來，是你療癒的核心重點。這些驅動因素可能造成你放棄與自身真正價值觀相牴觸的道德倫理。因此，你對權力的渴望以及對療癒的企圖，可能仍舊難以捉摸。

你的療癒中有個不能省略的重要步驟，是要去感受在你的核心傷害與無力感中，最初形成那個與忽視相關的傷痛。那不是你的錯，你是無辜的。你不需要把那些記憶與相關的感受，從你的意識中隔離，讓它們埋藏在內心深處，或者鎖在另一個個性裡。你能夠學習為自己找到愛和找到內心的平靜。最初你可以透過安全且療癒的關係這麼做。你也可以在了解你的經歷而且想要成為你的避風港的人身上，找到滋養。你能夠學會在做自己和擁有這身體時真正感到安全，不需透過從事「高峰體驗」活動、行為或購物，來產生極高的愉悅感，那只能短暫安撫你，然後就讓你感到失望、沮喪和無力。

修復與重新調校關於自身財務、身體形象、性和物質財富的價值觀，是有必要的。透過錯誤投射身體形象或名聲這樣誤導的方式，嘗試修復你的自我價值和自尊心，實際上會創造新的財務、情緒、身體、心理和靈性創傷。

若想要從你投射的身分認同來獲取力量，雖然（舉例來說）工作是一種方式，能夠提供你暫時的外部認同，然而，你實際上是能夠獲得內在的認同，那是透過服務或幫助他人所創造的意義和目的，能夠帶給你的認同感。相反地，由於你的童年背景與經歷，你可能有很強大的直覺能力。你有潛力進行有創意的療癒模式，從你的內在光輝、力量與韌性出發。

我要鼓勵你與自身高我的內在覺知連結。凱龍星給你的訊息是，你不需要繼續躲藏和抵禦過去受忽視創傷的週期性拉扯，持續在你的生命中上演。受忽視的經歷，帶來了悲痛、哀傷、脆弱和無助的相應感受。現在該是時候去面對那深沉的內在努力，來療癒心理占星學上的凱龍星核心傷痛。

透過面對你的內在傷痛，並且選擇直搗你的恐懼與否定，你將會開啟機會：

- 學習全心愛自己和愛自己的身體，不是表演給他人看也不是做形象。
- 能夠愛他人的真實樣貌。
- 寬恕那個還住在你心裡、美好、脆弱又信任他人的內在小孩或青少年。
- 內在覺醒認知到，如果沒有療癒你內在那個小孩，你會有傾向以自己受傷的方式去傷害他人。
- 轉化對性征服或財務增長／安全的渴望或操弄，因而終止虐待和權力失衡的循環，那樣的失衡，可能來自你嘗試要滿足自身未被滿足的需求。

當你在情緒上與被忽視的傷痛切斷連結，而且實際上變得對這些傷痛沒有意識，一個陰影自我就誕生了。在這情況下，你不會運用你那美好且與生俱來的直覺力量，去愛、療癒與協助他人，反而是傾向作惡與傷害他人。這個凱龍星在金牛座的陰暗面，渴望著愛的光輝帶著寬恕、療癒和無條件的愛，關照這些傷痛，並且真誠的連結你那寶貝的內在小孩和青少年。

由於所有的身體在設計上都是會對軀體的享樂有回應的，因此你的身體可能曾經對性脅迫、創傷或虐待有不恰當的回應，畢竟身體在設計上自然會受到愉悅的挑逗。

不需為你的身體對創傷、虐待或脅迫的反應感到羞愧。你的內在完全沒有過錯。針對你認定自己有問題的地方，去寬恕你的身體和你自己，是你能夠完全療癒的關鍵。把愛贈與你所居住的這個身體，並且在性、財務與物質財富方面，復原與重建與你的健康成年自我之間的關係。

培養技巧來滿足你童年時沒能被滿足的需求，會對你有很大的幫助。其中一個方式是，透過愛自己與自我肯定，而這是源自支持與肯定的療癒環境下所帶來的矯正情緒體驗。在這療癒環境下受到真實的映照，將會讓你學習同理自己，並且了解自己如何受影響，以及了解自己是如何透過話語和行動影響他人。

維持每日的自我照顧練習是很重要的，這將會成為例行習慣與儀式的基石。承諾自己每天花一段時間來冥想、寫日記、從事對你有重要意義的專業工作、服務與回饋等人道主義活動、陪伴友人以及與親密伴侶互動，這伴侶要能夠告訴你，他對你的真實感受。透過這些方式，能夠打下穩固的基礎，讓你能夠以你真實有愛的本質建立美好的自我形象。別忘了，你生來就很完美，不論如何你都值得擁有無條件的愛。

透過愛的承諾能夠找到你的療癒。意思是，當你承諾以曾經那個價值被貶低的受傷小孩，去面對你記憶中的傷痛，你將會獲得療癒。

你的內在小孩，是一種你以童年時天真形象呈現的自我概念，包含在你成年記憶中內化的所有童年時期想法、感覺和經歷，不論是在有意識的記憶或是潛意識的記憶中。

親密的熟識這個小孩，以及你內在的青少年自我，是很重要的。在你的頭腦和內心裡創造一個他／她／他們的形象，當你遭到觸發，感受過去受忽視的傷痛在隱隱作痛，這時就傳送無條件的愛給這些年幼的自己。

請投入必要的工作，強化你的情緒能力去面對這些情緒，與其變成了逃避者，麻木的自我傷害並做出反社會行為，倒不如學習用健康的新方式來自我安撫。

自我肯定是個重要的工具，可以用來置換內化的批判聲音，這些批判聲音，都是來自過去或現在忽視或虐待你的照顧者。自我肯定涉及運用鼓勵、同理和接納自己本質的有愛敘述，而找到深刻無條件之愛的源頭是極為重要的。寬恕自己需要你用平靜的光輝照耀自己的靈魂，而這樣的平靜能夠昇華任何世俗的束縛，和你先前短暫逃避卻無法真實滿足自我的作法是截然不同的。

透過將肯定的話語納入冥想練習中，將可深入你的感官，為你的身心靈充滿愛、安全、安心和信任的新訊息。這是帶來成長與療癒的強大工具組合。請投入帶有肯定話語的引導式冥想練習，即使一天只花五分鐘的時間也可以，這練習將會轉移你的無意識層面，揭露損己傷人的自我破壞行為與模式。

還有另一個很棒的支持來源，能夠傳遞寬恕給你自己，同時也為你可能傷害過的人修補與贖罪，這個支持來源可在凱薩琳．伍沃德．湯瑪斯的著作《親愛的，分手不是你的錯：五步驟好好說分手，找回愛情的自由》（*Conscious Uncoupling: 5 Steps to Living Happily Even After*）中找到，那過程稱作靈魂對靈魂的溝通，在冥想狀態中運用你的想像，邀請另一人的靈魂前來坐下與你對話，藉此療癒你和對方。這是個強而有力的療癒體驗，能給過去存在你生命中但你現在已無法與之當面交談的人，帶來解脫與寬恕。

在你展開這療癒過程時，你可能會發現，凱龍星在金牛座的陰暗面埋藏在你的無意識層面，而且可能展現在引發他人不必要批評的行為中，而不是帶來你渴望獲得的親近、理解和同理。凱龍星在金牛座的這些陰暗面，會在你內心合理化你對他人過度嚴厲的批評與責難；你可能會將這些想法說出口，藉以將他人推開。正是你對脆弱以及親密關係的恐懼，造成你對他人有這種嚴厲，甚至可能很殘酷的言語和行為。

當你透過無意識的層面去貶低他人，或者尋求以某種方式無視他們身而為人的事實，就可能出現上述的言行。你也可能感覺自己困在一個批評和貶低自我的循環中。要留意你將他人去人格化來保護自己的傾向。

如果你在閱讀這些，而且有所共鳴，那麼請允許自己展開深度寬恕的旅程，這會讓你能夠有更好的角度看清楚自己與他人。事實上，我們都是同樣有價值，也是同樣脆弱的人類，我們都值得愛與寬恕。

你最需要的可能是用毫無保留的憐憫、理解、同理、同調和無條件的愛，來緊緊擁抱你的內在小孩。請你現在就考慮允許自己去做這樣的體驗。

有個方式可以讓你開始這過程。把憐憫與理解深深的吸收入體內。試著把自己從自我強加的不切實際期望中釋放出來。仔細留意你無法達到自身期望的情況，因為這會觸發你的內在批判。試著拉攏你的內在道德感，作為你的究責夥伴以及支持你的內在教練，藉此協助自己達成這項挑戰。承諾以更尊重與真誠的方式對待他人，而不是利用你天生的魅力來操弄達到利己的結果。

最重要的是，務必記得你值得擁有無條件的寬恕與愛。你是有價值的，你是值得的，你不是過去虐待你的照顧者所說的那個樣子。

身而為人，我們都難免會犯錯，也都會感受痛苦。事實上，這兩種經歷都是成長的必要元素。我們透過艱困的經歷而了解這一點，而這也是我們能帶給我們服務的人很大的一部分。要記得，大多數的人都是在以他們所知的方式盡力過生活。生命是支持我們的，而非和我們作對。生命就是透過我們而發生的。看不見的力量持續在帶給我們所渴望的事物，情勢是有利於我們的，請一次又一次的對自己重複這些支持的話語。為你的努力注入這能量，為你的人生注入這能量，為你的關係注入這能量。

回想小時候和青少年時遊玩享樂的方式。在某些家庭中，各種忽視、創傷、虐待、缺乏物質資源等問題，或是單親家庭所帶來的議題，都可能抑制了你在孩童時期的發展，也影響了你本應無憂無慮的青少年時期。

現在還不會太晚，請給予自己美好的機會，現在就讓你的內在小孩和青少年浮現並開心存在著。你可以學習保護、關愛，並陪伴這部分的自己一同歡笑。透過療癒的機會，讓你成年的自我也能享有樂趣同時又負起責任，你值得讓自己重新獲得應有的關愛照顧。

實用建議

- 如果你曾經歷性虐待、脅迫、強暴或任何創傷，請投入某種療癒的途徑。對自己展現關愛，同時邀請療癒專業人士給予協助，將會給你的凱龍星核心傷痛帶來最深沉的療癒。這是你虧欠自己的，還有那些你愛的人。請承諾透過這趟療癒旅程來投資自己。
- 每天找出一件事來讚美自己，這件事不能和物質成功、外貌或促進某種形象有關，聚焦在內在特質上，例如仁慈、耐心、慷慨、助人、寬容或溫柔。
- 積極療癒你和你身體的關係。你可能很嚴厲的批評自己的身體，而且可能因飲食失調而受苦，或者出現飲食失調的思維，進而帶來有害的行為模式。在你尋求整形手術前，請帶著愛與接納，考慮擁抱這樣的概念：你所擁有的身體，對你的靈魂和心靈來說就是完美的身體。它確實是的，你現在的模樣就是最美的。

致力於改變利用性來換取權力與逃避的行為模式。相反地，請利用性作為創造、連結和療癒的神聖工具。有需要時，和過去生命中因為你對性的濫用而受傷的人們修補關係。

肯定小語

「我愛自己，也肯定我自己現在的樣貌。」

「我允許自己能夠療癒。」

「我是值得被愛的。」

「我現在就已經夠好了。」

「我原諒所有的人，包括我自己。」

8 凱龍星在雙子座

關於同理性同調的核心傷痛

負傷凱龍星的感受

過度聰明

困在自我打擊的想法中

沒被看見或聽見

已療癒凱龍星的感受

以內心為核心

有能力透過話語來表達感覺

完整的

真誠的

英國哈利王子、女神卡卡、蕾哈娜、凱蒂佩芮和第十四世達賴喇嘛，都是凱龍星位在雙子座，他們每一位都是在心理占星學上成功轉化其核心傷痛的例子。他們成為了公眾人物，學習到在各自的領域中真實地表達自己，也因此，他們都由於自身的作為而受到珍視與尊敬，而且也被同理的聽見，這兩部分是凱龍星在雙子座的個人最深刻需要的。

生於凱龍星在雙子座的千禧世代，是極為多元化的族群，他們的自我表達包含了各種形象，從哥德人（Goths）到「華爾街之狼」，從社會運動家到保守主義者，透過真誠的自我表達，凱龍星在雙子座的傷痛也獲得了轉化與療癒。作為凱龍星在雙子座的個人，這對你的影響為何呢？

同理性同調（Empathetic Attunement）的體驗，是孩童時期必要的發展里程碑，方能發展出透過口語來辨識與表達自身感覺的能力。由於凱龍星在雙子座，因此人際溝通技巧發展完全的能力，可能會受到延遲或阻礙，因為沒能被仁慈、體貼且憐憫的看見或聽見。簡單來說，這占星位置所帶來的痛苦結果，就是童年時不斷經歷被誤解的情況。年幼時，你的照顧者沒能同理你的各種情緒狀態，因而阻礙了你有效溝通的能力。

你可能受到象徵權威的人批評、訕笑或羞辱，造成你的自我價值和自尊心低落，同時也使得你傾向貶低自己，以及拿自己來和他人比較，進而更造成你對自己的負面觀感。在你追求自身的目標時，這種形式的自我破壞可能會損及你的前進動力。你所擁有的智慧和知識，不但沒有受到重視與尊重，你可能反而在個人或專業領域上都經歷被誤解的情況，因而感覺自己不夠好。

雖說拿自己來和他人比較是你經常在做的事，但這卻是一場必輸無疑的遊戲。不管在任何時候，（在我們的認知中）總是會有人做得「比我們好」或「比我們多」，然而（在我們的認知中）也總是會有人做得「比我們糟」或「比我們少」。與其去看有人比我們優秀或有人比我們拙劣，倒不如接納自己的不同之處與個別強項，會有助於你正確檢視自己與他人的關係。發展你自身的能力，並且追逐你獨特的天賦，協助你培養和自己的關係，那個最棒的而且不愛比較的自己。

在你的意識中建立一個空間來接納自己現在的狀態，擁抱此時此刻的自己，這對你進行療癒和維持身心健康是很重要的。學習與當下的狀態連結，對現狀帶著正念的接納與感激，有助於擺脫無止盡的比較循環。每個人都是生來要創造自己獨特的道路。確實，《奇蹟課程》中說到，我們每個人都有著「高度個人化的課程」。透過表達我們真實的聲音，我們都在「集體的歌曲」中貢獻了我們獨特個人化的歌詞。

至於拿自己與他人比較這件事，當我們困在其中，有個更好的問題可以問自己：「今天的我是不是比昨天的我更好？跟上週比呢？跟上個月比呢？跟去年比呢？」最後，問自己：「我想要成為什麼樣的人？透過我今天所做的決定，我會成長為什麼樣的人呢？」

影響個人自我概念的另一個核心傷痛層面是，當你認為他人更聰明、更機智，或者知道得比你更多，有可能是你在學校中曾經被批評、被捉弄、被嘲笑或被霸凌，使得你覺得自己不如同儕。

你和手足之間的疏遠與霸凌，無疑地會在你的幼年時期就留下傷痛，而且可能一直維持到成年。如果你是獨生子，你可能會有焦慮和寂寞的感受，不確定要如何在情感上與他人連結。

成年時，你幼年的記憶印記（造成自尊心和自我價值低落的記憶印記），可能會干擾你透過內在引導來與他人連結的嘗試。

你可能在口語表達真實自我方面感覺有困難，因此，你可能發現自己處在很少為自己發聲的狀態，而且也不會討論你的需求和渴望。相反地，你也可能會如同強迫症般一直講話，去過度補償這個你認為的缺陷。這樣的行為能夠隱藏自己的恐懼與羞愧感受，因為你不知道如何正確且自在的表達你的想法、感覺、體驗和渴望。

學習正確的辨別並且透過口語表達你的需求，能協助你轉移並且打破自我挫敗的模式，讓你真實的被他人聽見。能被看見和被同理的反映，可以帶來深刻的慰藉，並且給先前感覺像隱形人的負傷內在小孩帶來療癒。你的轉變可以從你能向他人表達自己獨特的觀點這件事看出來。向這些機會與體驗說「好」，因為它們是你的新身分認同的基礎。

從缺乏同理性同調的相關經歷中療癒的另一個關鍵是，學習必要的技巧，在當下能夠同理的與自己同調。我們透過化解自己的傷痛來進行療癒，而非抑制或閃避。隨著你放掉舊的溝通模式，並且朝新的健康方向成長，當你注意到自身的進步時，總是會很令人興奮。

同理的與自己同調的意思是，首先，覺察到自己的感受，其次，你的言語和行動都真切符合你實際的感受。有時候，你可能會需要在口頭上與周遭的人分享你的想法和感覺。有幫助的作法是，和一個你信任的人進行這練習，這人需要能夠協助你做這些自我同調與溝通上的細微調整，他可以是個你信任的朋友、執業療癒師、伴侶、手足、父母或同事。他可以協助你辨識與處理你真正的想法與感覺，即使是當你必須說出不悅的話語或者讓場面有些難堪。事實上，很可能你越是能表達你的脆弱，帶來的轉變效果就越強大，因為正是在這些極端的經歷中，我們才會有最大程度的成長。

先和你最親近的人練習，然後在那些你認為會較有挑戰的人身上做實驗。溫和且留心的練習向他人表達你的不同之處，將有助於你恢復自信心。

由你自己採取適當的行動，讓你真實的自己能夠接手你生命中社交與專業領域，經過一段時間後，你會越上手也越自然，在每一次的互動中，你的自信將會持久的提升。

在我的研究和經歷中，凱龍星在雙子座帶給個人的核心傷痛，與個人當前的依附形式有直接的關聯。這意謂著，你內在培養出安全型依附的程度，也等同於你能在世界上自在的表達自己的程度。三種依附形式分別為安全型、逃避型和焦慮型。請再次閱讀第4章裡關於依附形式的討論，檢視自身的依附形式。

凱龍星在雙子座的陰暗面，可能埋藏在你的無意識狀態，而且會在引發他人不必要批評的行為與溝通模式中顯現，而不是帶來渴望的理解、同理以及你希望獲得的結果。你需要覺察的一些潛在盲點，包括說教或者活潑過動，甚至惹人討厭。凱龍星在雙子座若沒獲得療癒，不但沒能適當的溝通，反而會讓我們說話太過大聲，甚至讓人反感，而不是把人吸引到對話中。別人可能會把你描述成臭屁鬼。

學習新的說話模式，採取步驟來改變溝通的習慣，會讓人覺得跟你親近。若要能在支持且溫柔、尊重的環境中，處理溝通模式的問題，我會建議諮商治療、說話教練、公開演說課程或這一類的專業協助，甚至包括療癒執業者。有幫助的做法是，透過一個有效益的環境處理個人與這類行為相關的問題。很重要的是，你要能覺得夠安全，去揭露你的感覺與擔憂，而且知道對方會帶著好奇、同理和支持的態度來面對你，而非批評與指責。

實用建議

- 在和個人或團體說話前，用一點時間整理你的想法，並且在頭腦中清晰確認需要說的話。然後勇敢開口，用尊重、禮貌且肯定的語氣，說出真切的真相。
- 請一位你信任的人和你一起練習真誠的溝通。要一同遵守基本原則，例如互相尊重、一次一個人講話、不評判對錯、這是個可以犯錯的安全空間等等。透過這個過程，你會培養出更流利的溝通技巧，隨著時間進展也會越來越容易且自在。
- 練習在別人說話時專注聆聽，當下不去思考你要做什麼回應，在那當下全心聽著對方說話。這是透過留心在當下積極聆聽的練習。當你專注在聆聽對方說話時，你將學會進行自發性且有意義的對話。這項新的溝通練習，會讓你與他人都感到很愉快。

肯定小語

「我是被看見也被聽見的。」
「我允許自己真誠的表達。」
「我訴說我的真相。」
「我有力量做真實的自己。」
「我吸引想要跟我在一起的人。」
「我是被愛的。」

凱龍星在巨蟹座
關於遺棄的核心傷痛

負傷凱龍星的感受

被遺棄
不值得被愛
未化解的悲傷
自殺的念頭

已療癒凱龍星的感受

有著家的安全感
滋養他人
內在母親帶來自我之愛

我們從歷史事件來開始探索凱龍星在巨蟹座所帶來的影響。這些事件顯示出，關於遺棄的核心傷痛經過轉化，會帶來受滋養照顧以及有歸屬感的體驗。一九九〇年二月，曼德拉在入獄二十七年後獲釋。他美妙的重新詮釋受監禁的經歷，選擇教導我們擺脫自身心智的牢籠。

蘇聯在一九九一年透過公投終止共產黨專權，也為多黨選舉開闢了道路。在這事件中，我們看到了該國朝著更兼容並蓄的治理方式前進。這展現了凱龍星在巨蟹座的核心傷痛療癒潛能，而這核心傷痛則是由先前的體制所帶來的。那麼在心理占星學上，凱龍星在巨蟹座對個人的影響為何呢？如果你的凱龍星在巨蟹座，你的核心傷痛是發生在童年時期的家庭關係裡。由於你家中的環境不安全、充滿威脅、不安心或者有危險，結果就是你會感覺被遺棄或者感覺不被愛。

這些經歷給你造成了內在的情感轉移。你沒有發展出家是個安全堡壘的感受，而這內在的不安全感，可能造成你現今很難找到歸屬感，不知道要在哪裡落地生根，不知道要在哪裡創造一個家。

不知道自己的歸屬，也造成你和自己的本能與直覺有脫離感。為了補償，你可能會犧牲自身的需求，只為了成為一段關係、一個團體或一個社群裡的一部分。

透過創造一個慈愛母親的心靈並且與之連結，能夠轉化與療癒你的遺棄核心傷痛。這個慈愛的母親就住在你的內心，而且全心擁抱生來就值得被愛的你。

透過為自己深深的種下滋養且支持的愛（給自己這類的肯定話語：愛就在你的內心、家就在你落腳的地方），你對於家是個安全的地方，會有著更深刻的連結感受。確立家是個安心安全的地方，這是很重要的基石，讓我們可以從這裡向世界出發，而且能夠隨時回來充電、滋養與休息。

當我想到凱龍星在巨蟹座的核心傷痛，主要的工作就是要從失去與悲傷中療癒。這可能要從探索你小時候的生命中所失去的、你沒能獲得的東西開始。其他沒能被滿足的需求，可能包括你渴望的安全感、你需要的關愛、你渴求卻沒得到的安慰。這些只是一些你現在有機會去悼念並且療癒的失去事物。

前面的章節中，曾提到伊麗莎白・庫伯勒－羅斯和她的悲傷五階段理論，以及大衛・凱斯樂更擴大的概念，我也提出了心理靈性上協助你從悲傷中療癒的方法，包括運用脈輪系統搭配悲傷階段的概念。花點時間再次閱讀那章節，並且透過這兩個觀點檢視你的遺棄核心傷痛。

我的用意是，要讓你為那個曾經孩童和青少年的你，找到憐憫之心，孩童時的你，可能需要面對遠超過你那時的能力所能處理的情境與事件。現在是時候由你去訓練內在情緒與靈性的力量，來同理的照料你的遺棄傷痛。你值得被愛，也因此，你現在就可以創造一個支持系統。

凱龍星在巨蟹座的陰暗面，可能隱藏在無意識的模式中，並且透過引發他人不必要批評的行為顯現，而不是帶來渴望的親近感和你希望獲得的同理。對於凱龍星在巨蟹座的個人來說，他人可能覺得你陰晴不定，因為你可能內化了不安全或不確定的感受，而不是把它們說出來。又或者你可能完全與生活脫離，把自己孤立起來。你可能過度自我保護，或者對於生活過度敏感。又或者，你可能感覺完全孤單且微不足道，因而可能思考著要結束自己的生命。

如果你閱讀到這裡時，正好是處在這種狀態下，請立即對外請求協助，撥打一一九、打給醫院的急診室，或者打電話給你信任的人。向專業的療癒人士尋求治療，可以協助你拆除阻隔你感受與他人連結的高牆。我的用意是要讓你在經過一段時間後，能夠與內在愛的泉源有深刻的連結，並且透過你與他人形成的關係連結，而變得更有力量。我自己也曾經有過想自殺的感覺與念頭，我也曾經思考著要結束自己的生命。我必須很深入的挖掘，並且盲目的相信我正在經歷自身意識的幻覺。我的絕望感受，阻隔了他人所給我的愛。在專業的療癒人士的協助下，經過一段時間後，我學會了愛自己。請給自己這個機會。我和你站在一起，在這裡支持著你。

實用建議

- 用一些時間清理雜物……把不需要或不再使用的東西捐贈或出售。在目前盡可能做到的程度下，把家變成一個綠洲，創造出一個可以反映你自身個性的舒適生活空間。每年進行兩次這個清理雜物的過程，也可以更多次——例如，每次換季就清理一次。在有流動空間的房子裡，能量可以更自由的流動。耗損的情緒會停滯並阻塞空間。向家人和朋友尋求協助，或者僱用打掃人員來協助你。維持家裡的環境舒適，會讓你與家有更正面的連結，讓你充滿能量。
- 開始把好的記憶與家做連結，每個月一次邀請人們來家裡。一人一菜、玩遊戲、看影片或者辦讀書會。當充滿愛與歡笑時，房子就會變成了家。接待他人來家裡，也會讓你更勤於維持居住環境的整齊與清潔。這不是作弊，只是讓他人成為你的究責夥伴。

- 加入一個團體、隊伍或俱樂部，或者自己組成團隊，或者上網尋找與他人連結的新方式。有個我很喜歡也經常使用的網站是Meetup.com。在咖啡館或教堂查看社區留言板。或者四處打聽與其他有共同興趣、嗜好或熱情的人相互連結的方式。

肯定小語

「我信任自己，不論在哪裡都是歸屬。」

「我在創造有愛的家。」

「我就是我的歸屬。」

「我是安全的。」

「我珍視我自己。」

「我很重要。」

凱龍星在獅子座

關於創意的核心傷痛

負傷凱龍星的感受

- 自我批評或自吹自擂
- 有自我破壞的傾向

已療癒凱龍星的感受

- 熱情有創意
- 有生產力
- 風趣
- 浪漫

讓我們從受到凱龍星在獅子座的陰暗面所影響的兩個歷史事件展開探索，那陰暗面若是無意識的而且未經處置，很容易會使用蠻力進行威嚇。在一九四二年納粹滅絕營貝烏熱茨（**Bełżec**）、索比堡（**Sobibór**）、特雷布林卡二號（**Treblinka II**）的設立中，我們心痛的看到這情況。在這些滅絕營中，有一四四四五〇八名猶太人遭到殺害。在另一個例子中，一九九二年當凱龍星在獅子座時，正義沒能得到伸張，當時陪審團認定四名被控執法過當的洛杉磯警員無罪。這四名警員被拍攝到在洛杉磯毆打一名機車騎士，該騎士是非裔美國人羅德尼・金（**Rodney King**）。

在凱龍星位於獅子座期間出生的千禧世代中，我們同時看到了他們在心理占星學上的傷痛與療癒潛能。雖說有好也有壞，但千禧世代確實創造了社群媒體的興起，包括**Facebook**（臉書）、**Instagram**、**Snapchat**，而這世代也引領了自拍的潮流。儘管這些社群平台讓人們彼此互動更容易，但它們也造成了抑鬱沮喪、焦慮以及可能導致自殺行為的社交孤立。讓我們看看心理占星學上凱龍星在獅子座會對個人帶來什麼影響。

對於凱龍星在獅子座的個人，你的療癒潛能在於你運用自身創意的能力。你內在確實天生就有潛力去體現創意，並且名留後世。然而，你可能感覺受到阻礙，無法連結到你的靈感謬思。這樣的阻隔，也會影響到你在工作和個人關係上保持成功的能力，不論是柏拉圖式的關係或是浪漫戀情。

別擔心，因為你的解脫只是暫時被壓在自我批評下，等著同理的藥膏來甦醒和啟發你的創意謬思。你的療癒需要服用大劑量的自我憐憫與理解，來強化你良好的自我。

你有嚴厲批評自己的傾向，同時又會鼓勵他人發揮獨特創意。這會削弱你的力量，因為你喜愛自己的創意能力受到賞識。當你展現創意的能力受到阻礙或壓制時，你可能會覺得自己有問題。

小時候在學校裡，你可能曾經因為用了和其他同學不同的方式來做作品，因而受到批評。你的思考模式從小就不受局限，但也因為與眾不同而受到指責。因此，儘管你並沒有做錯什麼，你還是會覺得自己做錯事了。很有可能的狀況是，你並沒有因為獨特的創意而獲得足夠的鼓勵和讚美，然而你現在依舊是個擁有獨特創意的人。現在有越來越多的學校會給予孩童表達他們創意的管道，他們越來越能根據自身的特定學習方式而獲得滋養。

凱龍星在獅子座的個人，其療癒來自允許自己為了樂趣而創作，並且透過玩耍來體驗樂趣和享受。療癒也會發生在當你允許自己去表達自身的真實渴望時，不論是在戀情、家庭或是工作的領域裡。在你的工作中、在親密關係中，以及與家人朋友一起創造喜悅，會將過去受苦的經歷轉換成實現滿足的體驗，你會感受到成就感與連結，甚至會有稱王的感受。

有個能夠支持你這趟旅程的方法是，運用肯定小語，轉移或取代內在自我批評的訊息。肯定小語以及聚焦在自我之愛與寬恕的引導式冥想，能夠同時進行，這會加速你學習從裡到外深刻愛自己的過程。如先前提到的，我會推薦由老實人影音頻道、亞伯拉罕－希克斯和喬布拉中心等所提供的引導式冥想服務，給客戶，我本身也愛用，這些服務都可以透過線上取得，而且也列在本書的相關資源區。

由於凱龍星在獅子座，因此你可能會私下或公開的自我貶低，而且自尊心低落。當不知道如何擴展你的創意努力時，你會苛責自己。有時你可能會破壞自身夢想與渴望的展現機會，反而去滋養他人的夢想，或是成為你的小孩、伴侶、事業夥伴、朋友或父母的最佳啦啦隊。但同時你也忽視了自己，還有你的努力。

你的療癒包含遵從內在的天命，也就是為自己熱情的展現創意。對你而言，療癒凱龍星的核心傷痛，意謂著要透過藝術、音樂、寫作、表演、慈善工作、社會運動或者商業上的努力，來表達你的靈魂的渴望。切勿過度服務他人的需求，卻沒能達成自己的渴望。學習平衡發展是很重要的。

探索你自身熱切的需求所在，並且制定計畫來達成，會帶來成就滿足。讓你本身這些沒被探索的部分能夠發聲、表達，或者成為展現你潛藏渴望的載體，將可啟動你在心理占星上的療癒。

實現你的創意渴望，才能讓你感覺完整與解放。檢視一下過去你因為受制於陳舊過時的思維模式而採行的生活方式。今天請有意識的想像著引導你的自由意志，讓你能做出賦予自己力量的決定。每天早晨，設定你的意向，奠定你的基礎，為這一天預先鋪好路。宣告並且承諾在這天展現的所有事情中，都要流露出創意、愛和喜悅。

在展開每一天和望向未來一週時，可以問自己一個問題：「我是否過度投入，或者我是否需要改變我的計畫，以便讓我能夠探索真正令我開心的事物？」可以調整這問題，讓它適合你自己的說話方式，這會有助你帶著遠見與意向為自己的未來鋪路。

運用你生動的想像力，來預想你想要的未來是什麼感覺。確實用一些時間，沉浸在畫面中看起來是你想要的生活中，然後設下與他人的限制與界線，讓你能夠把自己放在第一位。

過去，你的創作所運用的默認思維模式，可能是削弱力量，而且犧牲自己去優先考量他人福祉。當你開始辨識並且參與那些能讓你感到愉快的人事地物，同時遠離會消耗你的元素，結果就是帶來自我效能與自信心。

請致力於將基於恐懼與匱乏的自我批評思維，轉變為基於接納與豐盛的自我肯定思維。在這樣的重整下，你能夠運用你的機智幽默、超狂腦袋和聰慧能力，輕鬆做出改變。這些能力在過去可能都被你噤聲了，以為這樣做會讓別人感覺比較自在。但你現在可以選擇停止犧牲自己去讓別人感覺自在。這對你已經沒有益處。透過我建議的自我認同方法，該是時候去展現你強大真實的自我了。

認同對你來說很重要，雖然你通常不會讓別人知道，除了你最信任和最親近的人之外。你有個脆弱而且超級敏感的弱點，希望能被滋養和被愛。你是個溫柔的靈魂，需要而且喜愛他人的讚賞。

關於凱龍星在獅子座，有個關鍵就是要為自己的努力挪出時間和空間，讓你的光芒能夠散發出來。在完整追求與體現你的創意時，你也成為他人的典範，讓他人知道這麼做是沒問題的。瑪莉安・威廉森的著作《愛的奇蹟課程》（*A Return to Love*）寫到類似觀點：

> 我們最深沉的恐懼並非自己的不足，我們最深沉的恐懼是我們過度強大。最讓我們害

怕的是自身的光明，而非自身的黑暗。我們會問自己，憑什麼這麼聰明、俊美、才華洋溢、光彩耀人？實際上是，你何嘗不可。你是上帝的孩子，你讓自己變渺小，對世界並沒有幫助。把自己縮小好讓身邊的人不會感到不安，這麼做並不能帶來啟發。我們都是生來要發光發熱的，就像小孩那樣。我們生來是要展現我們內在的上帝榮耀。這榮耀的光輝，並不是只存在一部分人的內在，而是存在所有人的內在。隨著我們讓自己的光芒閃耀，我們也在無意之間允許他人同樣這麼做。隨著我們從自身的恐懼中解放，我們的存在也自動會解放他人。

你是多麼棒的禮物啊！當你採取行動來遵循你自身的祝福，你會成為多麼閃耀的典範。與你的內心、心智和靈性連結，跟隨著你內在照亮道路的那盞燈。如果你有小孩，要透過找到你自身快樂的泉源，來為他們成為展現自信的模範。如果你沒有小孩，那就成為真誠自我的最佳典範，將影響力帶給身邊的人們。我們都在尋找真誠做自己的許可，而你可以成為帶頭的領袖。

凱龍星在獅子座的陰暗面，可能埋藏在你無意識且隱藏的模式或思維中，而且可能會以觸發他人不必要批評與責難的行為來顯現，而不是帶來渴望的理解以及你希望獲得的同理。身為凱龍星在獅子座的個人，當你為了補償內在匱乏的感覺而以有害的方式採取行動，你會受到批評，會被他人認定是負面、自大、高傲甚至霸道。你可能會背負使用蠻力脅迫他人的惡名。你所收到的負面關注，很有可能會無意識的強化了你的自我批判信念。請了解，你可以改變和轉化這種自我破壞的模式與傾向。

你的核心傷痛需要有愛的關注，但你卻還沒獲得這樣的關注。讓我們把你核心傷痛的陰暗面帶入愛與寬恕的光輝中。這麼做就像是在訓練你過去從沒留意過的肌肉群。這肌肉群現在透過痠痛讓你知道了它的存在。而鍛鍊後的痠痛，證明你做了有益的事情。你身體上的不適確認了你正走在正確的道路上。同樣的概念適用在心理的成長與發展上。

當你練習運用你的新技巧時，你可能會遭遇來自他人的一些抗拒。很簡單，你是用不同的方式在支持自己，而其他人可能不會喜歡，他們的不悅並不表示你偏離正軌。

請連結你身體的引導系統，評估你是否從自己的核心正確且同理的做回應。謹慎檢視你需要被聽見、看見和反映的方式。如果你沒被聽見、看見或反映，那麼你可能要決定和相關的人好好談心。由於你和自己的關係改變了，因此他們可能確實會有所抗拒或摩擦。清楚說明到目前為止，你是如何組織和執行你的人生，然後表達出你如何改變了你的模式。和你信任的人分享你想要的結果和目標，可能也會有幫助，詢問他們，是否願意支持你做這些轉變，而非抗拒你。當你採取新的模式時，去尋求協助，或許是轉移彼此關係更上一層樓的方式。

你生命中其他的人，可能從沒意識到你感覺匱乏或不開心，畢竟你強大的個性能夠完美的掩蓋底層的不滿足。而這些人可能也沒意識到你隱藏這一切所戴的面具。你現在可以把這個虛張聲勢的面具拿掉了。

為了留下你能夠帶來的遺產傳承，保持真誠的創意與熱情很重要。你並不是在身體死去的那一刻，才留下你的遺產傳承。當你走出一個房間、掛上一通電話，或者熬過失去或失望時，請開始思考你想要留給後人什麼樣的東西。

我們每天都以某種方式留下一些小小的傳承：在我們與他人溝通的方式中，在我們打招呼或說再見時，或者在我們處理壓力情況時。對這過程有所覺察，能夠給你許多考慮的選項，那些都是你先前不曾意識到的。運用你的幽默感，將你的模式轉移變得真誠且有創意，為了你自己也為了那些仰賴你的人。每天都尋找機會留下你覺得很好的傳承，為自己感到驕傲。如此一來，你獨特的光芒就會透過你勇敢的心閃耀光輝，用美好且啟發的方式溫暖你身邊的人們。

實用建議

- 給自己規律安排的時間，評估與表達你的創意，參與創意相關課程（藝術、音樂、設計、裁縫等）。你也可以在家這麼做，例如給書本上色、創作藝術、聆聽或製作音樂、烹飪、烘焙或製作物品。嘗試不同的東西，看自己喜歡什麼。
- 為了有適當的時間為隔天做準備，或給未來一週訂計畫，可以提早到公司或者一週有幾天晚點離開公司。設定與他人的界線，把自我照顧放在第一位。在達成目標的同時，也用這方式保持情緒上的健康，會讓你感覺成功且有力量。
- 用感覺良好的方式，伸出援手協助同事、小孩、朋友、伴侶，或者家庭成員做他們的企劃。這有助於共同創造共享的目標，建立或強化有意義的關係連結。

肯定小語

「我活著就是要創作。」

「我創造還不存在的東西。」

「我是獨一無二的。」

「我是強大有力的。」

「我可以優先考量自己。」

「我可以放在第一位。」

凱龍星在處女座

關於身體健康與作息管理的核心傷痛

負傷凱龍星的感受

破碎

無法因應困難

忽視了自我照顧

慮病症

已療癒凱龍星的感受

自我滋養

有能力遵循健康的習慣

有能力享樂

歡喜的

受凱龍星在處女座的影響，世界貿易組織（WTO）在一九九五年成立，監督美國的國際貿易決策。我們的政府積極主動轉為保護我們的經濟健康，同時給予刺激，並且設下界線讓我們能夠和其他國家擁有帶來效益的貿易關係，透過設立世界貿易組織，也象徵了這段期間凱龍星位於處女座的療癒效應。我們國家當時的核心傷痛，是關於界線遭忽視或不足，威脅到美國貿易關係的安全。

另一方面，出生在凱龍星位於處女座時期的Z世代小孩，在一個高度複雜的媒體與電腦文化中長大，但也因此在面對面的人際社交技巧方面發展不足。要在心理占星學上給予這個世代療癒，需要透過發展並維持健康的人際連結，而凱龍星在處女座對你個人的影響如何呢？

如果你的本命星盤中凱龍星位於處女座，那麼你的核心傷痛就會影響關於你的身體健康，以及建立（與維持）健康習慣的各個面向。你的個人與職業生涯可能有失衡狀況，而且讓你感覺無力招架。你可能有時會覺得自己支離破碎，然而，你又不確定該做什麼，或要如何療癒，這會造成你一些心智上的困惑以及情緒上的混亂。

你是會獻身於服務的人，而且熱愛教學與療癒，會將之與革新的精神結合，這是很正面的。同樣對你有利的是，凱龍星本質上類似處女座，來到處女座感覺就像回家。這是因為，凱龍星象徵了自我療癒。因此，凱龍星在處女座會推促你去增進個人健康、自我療癒等領域，並且維持這些習慣。可以請它在這些領域中協助並引導你。

由於你是非常可靠的供應者、教師、夥伴、父母、員工和朋友，因此對於不知道該怎麼做來幫助自己的這件事情上，你所感受到的不確定感深深的困擾著你。你的療癒關鍵在於學習滋養自己，這包含了食用好的食物、獲得充足的睡眠，以及享受運動、冒險、性等肢體上愉悅的活動。

知道自己的極限在哪很重要（有極限是很正常的），因為透過設下限制，你能夠轉化讓你受苦的適應不良因應機制，包括嚴格的節食、成癮的習慣，或者工作狂的傾向。

你的內心深處知道，讓你精疲力竭的過度工作習性，既不健康也無法持續。而你也了解，眼前還有更大的問題。你不喜歡讓親近的人失望，而你擔心，如果你花時間照顧自己，你可能會讓他們失望，所以你就咬緊牙關繼續撐下去，但心中一直希望能停下來喘口氣。

我想要現在就注入你意識裡的是，你親近的人也希望你每天都開心、健康、充滿活力。他們不想要你被掏空了。當你的能量要見底了，和任何處在這狀態下的人一樣，你會變得嚴厲、不安、易怒而且很疲憊。

我知道你在理智上了解自我照顧的重要性，然而，你卻忽視了自身的需求，違背了你內在對自我照顧的覺知。反而是，你會自願隨時伸出援手去幫助他人。如果你還沒燃燒殆盡，那也只是遲早的事。

如果接受與付出有失衡的狀況，經過一段時間後，這差異就會損害你身體裡的每個系統。更大的問題在於，你很不幸的深信著，只要你一直付出、一直付出，你對自己的感覺就會很好，而且也會因此受到他人的喜愛與珍視。

你或許認為，為他人付出能夠讓你不再自我批評與責難，也因此能夠補償自尊心低落的感受。昇華與補償等防衛機制可能暫時有效，但會給你一種錯誤的幸福與安全感。

你能夠在心理占星學上療癒自己，並且透過學習設定界線以及自我認同來回歸自身本質。這要透過調整你的例行作息來達成，包括適當的休息、充足的營養、健康、運動、遊玩、喜悅與享樂。享受你的生產力，這可以包括用有意義的方式來服務他人，並帶給自己能量，而不是消耗你的能量。

培養自我認同可以從一個地方開始，也就是每天練習找出你真心喜歡的自身特質，把這些特質大聲說出來、寫下來每天都增加列出的項目。經過一段時間，這些種子都會成長為大劑量的自我之愛與接納，滋養你內在的花園。

隨著你定期讓你認同自己的部分能夠發聲，這樣的自我，肯定會變成你生命中一股能量的來源。這種自我認同練習會促進基本模式的轉變，從聚焦在自身匱乏的部分，轉移到專注於你欣賞的部分。這種意識上的轉移，會給你的生命帶來更多積極性與自在感。透過每天持續的自我賞識練習，你也打下了穩固的發展基礎。透過鼓勵而非批評，確實能讓我們學習得更快，而且學習效果也更持久。我們的老師、學校、家人、同儕、文化和媒體，都在告訴我們相反的狀況，但研究的發現不是這樣的。

其中一種範例，就是採用以優勢為本的訓練思維模式，這讓我回想到一九九〇年代我在讀大學的時候。儘管人們通常都不知道他們在運用這種模式，但今天這卻被廣泛運用在人生教練、心理治療、諮商、人事管理、主管訓練，以及能量療癒。

優勢為本的模式，是一種社會工作理論，強調個人的自我決心與長處。其理論哲學認為，人們在面對逆境時，都是足智多謀而且具有韌性的。

若要現在就開始運用該模式，並且立即轉換至更健康的習慣，請拿出紙和筆，我們來做以下的盤點。設定十五分鐘的時間，列出你的強項，包括所有你喜愛的自身特質。

例如，所有你享受幫助他人的方式，包括在工作、家裡或遊戲中協助他人。或者你這些年來在所選的職業中所培養出的韌性。或者你對人的組織管理與追蹤目標進度的能力。盡可能完整的羅列出來，而且你在之後有進一步洞見和覺察時，也可以繼續在列表中增添項目。

當你完成了完整的清單，回頭再看一遍，並且在可能耗損你能量的強項旁打星號，就算這些強項（表面上）看起來是有益的。可能消耗能量的強項包括，你可能犧牲自己來協助他人的方式。例如你可能不顧自身的職責，熬夜協助你的伴侶或小孩，在期限前完成他們的企劃或作業。繼續檢視你的列表，在讓你無法適當維持自身健康與福祉的強項旁也打上星號。

現在，我們來發揮創意，調整一些你所認定的強項，讓你能夠在不影響自身健康的情況下，將自己的能量以及服務的渴望都最大化。我們要去突顯出你可能會否決維持自身健康所需基本事物的傾向。

自我忽視和剝奪的情況如果沒處理，可能會對你的健康有危害。在回應你列表中打星號的項目時，有一些可能的解決方案，像是：考慮讓對方知道，熬夜幫忙他或她趕企劃截稿，會讓你感覺能量枯竭，因而無法面對你自己隔天早上的職責。

詢問是否能夠找另一個時間，或者他們還能找另一個人來協助。那些和你最親近的人通常沒有意識到，你很樂意提供的協助其實也是會消耗你的能量。因此，這項練習實際上也是在尋找為自己設定界線的方式。

若要為自身的療癒目標保留能量，設定界線是必要的。你可能完全是從服務他人這件事來獲取自尊心。那麼就得去尋找新的方式來自我認同，不再付出這麼多，這會幫助你創造源自內在的自尊心。

或許你可以把一些一直以來都是獨力完成的任務，分出去一些給他人。或許你可以請某人來專責照顧某個活動的基本項目，讓你能夠專注在其他部分，而這也可以讓你的時間安排更有彈性。

相對於自己獨自完成一項活動的所有層面，或許可以讓他人來負責為活動籌措資金，以及負責做宣傳。或者你可能更喜愛處理一項企劃中較為細節的部分，那麼，就把管理的職責委任他人。這麼一來，你就能夠只完成你自己這部分的職責，然後讓他人完成他們的任務。

透過轉移職責與委任他人，你的行程安排上就會空出一些時間，能讓你建立例行的安排，照顧自己的心智、身體和心靈健康，這是你的核心傷痛先前讓你沒法做到的事情。

由於凱龍星在處女座，你的核心傷痛也會影響到你的信念系統，因為它和平衡你的健康福祉以及相關的保養習慣有關。透過新模式的觀點尋找解決方案，例如透過優勢為本的觀點，可以帶來有幫助而且實用的練習，讓你嘗試來協助自己。此外，透過讓你所有的家人一起參與，你也更能持續維持你所辨識出並執行的改變。

由於你並不是活在真空中，因此告訴他人你的需求，有助你過得更開心更健康。愛你和支持你的人，也會希望你照顧好自己的健康。作為計畫的一部分，你可以把他人納入這過程協助你負起照顧自己的責任。況且，我們在生活中也需要信任的人，來成為我們的究責夥伴，他們扮演著檢驗標準的角色。去請求他們，讓他們知道你希望他們成為你支持團隊的一員。

如果沒有予以處置，你的核心傷痛隱藏的陰影層面，就可能造成你的行為舉止會觸發他人的訕笑與批評，而不是帶來渴望的體貼與理解。凱龍星在處女座的人，可能會過度擔心自己的個人健康以及每日例行作息，幾乎到了有慮病症的程度。慮病症被定義為對個人健康的異常焦慮，特別是毫無根據的恐懼自己患有嚴重的疾病。這不但不會讓人靠近你，反而會讓別人不敢接近。請尋求適當的醫治或心理治療來克服恐懼、擔憂和慮病症。

凱龍星在處女座核心傷痛的另一個潛在無意識陰影層面，是你可能會是個嚴重的工作狂。排除其他的責任不說，你可能意識到了，自己是處於失衡的狀態，而且你也試著要滅火，讓你日常生活和例行事務等各個領域都能夠趨於穩定。你花了不成比例的時間在工作上。忽視身體狀況，再加上過度工作帶來的壓力，不但對健康有危害，也會帶來眾多有文獻紀錄的長期健康問題。

若要為自己設定健康的基準線，請試著尋求各種專業人士的協助，來治療慮病症或工作壓力造成的健康問題。把自己放到憐憫、有愛且仁慈的環境內很重要。當你開始療癒的過程，絕對不允許批評和責難。無條件的愛可以作為療癒的慰藉，讓你能踏實的感受健康與安樂。創造一個支持且溫柔的地方，讓你的心智和情緒能夠落腳，安心面對處理你的行為，並且為療癒的旅程打好基礎。

實用建議

- 透過紙本或線上的行事曆，列出每週的職責、截止期限、健康約診和給自己的娛樂時間，包括社交和身體活動。
- 預先安排你的每年例行的健康約診，並且準時赴約。事先安排保母或其他家務助手，讓你能夠按時赴約。

➤每週至少安排一天休假。計畫做些活動，或者睡晚一些，慵懶的過一天，或者和他人約見面。每年安排一次度假，即使只是當天來回，或者只是週末開車去鄰近的海灘或去登山健走。盡最大的可行程度去安排這假期，目的是要在你可以的時候休息較長的時間。例如，一天的健走行程，可以擴大成週末到國家公園走一趟。透過適當的計畫，再加上對自我照顧的承諾，何不把休假延長到一週甚至更長呢？

肯定小語

「我可以有彈性。」

「我是健康且完整的。」

「我可以有平衡的生活。」

「我正在創造平衡的生活。」

「我給自己時間，也給他人時間。」

「我允許不完美。」

凱龍星在天秤座

關於個人獨立的核心傷痛

負傷凱龍星的感受

對自我感知的發展不完全

相互依存

已療癒凱龍星的感受

有藝術性

有表達性

有創意

在心理占星學上，凱龍星位於天秤座代表著從削弱力量的身分認同，轉移至堅強而且擁有具彈性又具保護界線的身分認同。這樣的凱龍星在天秤座的影響力，曾經展現在一九四六年美國出席聯合國大會時，當時美國政府透過出席大會增加國家影響力的主要動作，是為發起國際政策。同樣地，為了保護政府情資，美國總統杜魯門在一九四七年設立了中央情報局。兩起歷史事件都展現出凱龍星在天秤座核心傷痛的療癒潛能，首先定義了所需的事物，清楚表達這些需求，然後設置必要的機制來執行。

如果你的凱龍星在天秤座，有些重要的問題要問自己。在你個人獨立性的發展上，是否感覺有所欠缺？當你不在親密關係中，是否感到孤單且不被重視？當你正在親密關係中，是否因自我核心身分認同感的發展不完全而受苦，導致你放棄自己的真實意見和需求，藉以維持這段關係？你是否因為不知道如何維持真實自我與關係中的自我之間的界線而感到痛苦？

凱龍星在天秤座的個人，在內心很深層面臨挑戰。你被認為是個仁慈、有愛、公平而且不好鬥的人。你真心享受家庭生活帶來的喜悅與穩定。在某個時間點，為他人放棄自我感知，或許在情感上感覺是安全而且自在的，或許現在已經不是了。隨著逐漸拆解你被教導把自身力量交給他人的方式，或許現在是時候改變你的意向，並且允許自己帶著溫柔與同理一同進化。

你的自我身分認同感主要來自他人，而非來自你的自我定義，或來自內在對你自身獨特需求與渴望的展現。你內在擁有強大的能力可以表達自己，或許最好的情況是還沒去運用這一塊，最極端的情況也可能是遭到阻隔。或許是關係被浪漫化了，不論是柏拉圖式的關係或親密關係，而這樣的浪漫化事實上並不符合那些關係的本質。

對你來說，最坦率的親密關係與友誼，是和那些想要知道你喜歡什麼、什麼讓你開心，還有他們如何成為讓你開心的一部分的那些人，所建立的關係。你最適合選擇有耐心的伴侶，允許你有自己的時間和空間，能感受和他們相處夠安全，進而能說出或展現給他們看你喜歡的事物。如果你想要擔任領頭的角色，他們也會讓你引導這段關係。

首先必須先發掘自己感興趣和偏好的是什麼，然後才能開始和伴侶以及其他人分享。學會技巧重新定義你如何看待以及進入關係，這是療癒工作很關鍵的一部分。

凱龍星在天秤座的個人所面臨的議題，讓我想起關於自己在處理相互依存問題，以及最後從中療癒的過程。受到某人的吸引，然後蜷曲在他們溫暖安全的懷抱中，最後透過作愛將兩人的自我認同融合在一起，這是一種很夢幻又誘人的感覺。我們找到了安全感與撫慰感，這些是外在的幻覺，而且我們被承諾永遠不需要再獨自困苦掙扎了……因為這個美麗的人滿足了我們核心傷痛的渴望，也就是想要被保護和被愛。

和許多人一樣，我也短暫經歷過這狀態，讓我以為自己已經完整無缺了。並沒有批評與責怪，我了解我們都渴望這樣的關係。我們和另一個人感受到那種融為一體的感覺，是我們能夠體驗到最接近在子宮裡那種受包覆的感受，腹中胎兒這樣的記憶印記，存在我們所有人的意識中。在過去，我會把伴侶浪漫化，賦予他們一個角色填補我自身欲求中的空洞。我是在友誼和關係結束的痛苦中學會了，我必須獨自帶著自我欣賞、自我實現、自我認同以及愛，來填補我內在深沉的空洞。

我現在所知道的真相，你可能也知道了，就是當這類關係結束時，我們都只能獨自安撫和安慰自己，我們再次回到獨自一人。經歷過另一個人所帶來的慰藉，然後又和他們斷了連結，這是很艱難和痛苦的體驗。

我經歷過許多失去，即使是我在寫這部分的時候，我回想當我擁有愛的溫暖擁抱，似乎滿足了我，在那些時候我並不需要安撫或安慰自己，當那安慰是來自另一個人，感覺是那麼輕鬆愉快。我那時確實是這麼想的。

不論你的記憶中現在浮現出什麼，都花點時間陪伴它，傳送愛給自己，如果感覺很好，也把愛傳送給你記憶中想起的那個人，這可以完成帶給你內在平靜和解脫的循環。釋放那份痛苦，把它換成感激之情。

我們必須在生命中安慰自己而且要堅強，感覺似乎很不公平。我們為什麼會跌倒、會在哪裡跌倒，都是源自於我們自己對事件的詮釋方式。我們的幸運和不幸，都是來自我們正確閱讀他人的能力（洞察力），以及如何自行做出相應的行動（採取協調的行動）。有多少次當你初見到可能的情人時，當你敞開心房期望著自己最深的情感與身體需求終於能被滿足了，對方卻突然間變了個人，行為舉止跟他們最初呈現的模樣完全不同了？

在伴侶關係中身為一個女人，我想要自己的情感被珍惜，也想要自己的想法被重視。我們這樣的要求並不算太多。然而，你可能也做過我以前所做的事情。很快就會把一個伴侶或潛在伴侶的無理、冷漠、不感興趣或自私，視為不重要或者認為只是個意外。你可能會告訴自己，如果再發生一次，我就會說出來。我曾經也是這樣告訴自己的。當然，事情再次發生，而你或許有說出來，或許沒有。當你終於找到一絲勇氣說出你的真實感受，另一人可能會惱怒、輕視，更糟的是，可能指責你太黏人或太控制人，或者完全把責任推出去。通常結果就是你的愛人無視你的關心和情感。最後，在關係中你可能退居到服從和將自己在關係上的需求壓到最低。由於這造成的失望感可能太過難以承受，你可能和自己討價還價，只聚焦在對方的正面特質上。我要有愛的對你說，請停止這樣對待自己。當你遇上這樣的關係互動，這顯示出你可能太過努力想要被看見、被聽見和被愛。

我們有很多人都是某種成癮者，特別是如果我們是高敏感族群或共感人，像我一樣。我們有很美好的能力能夠看見人們，並不是他們在當下呈現的模樣，而是他們在最真切理想的潛能中可以有的模樣。我們可能開始希望，如果我們持續用彷彿他人正在活出最棒的自己那樣的方式，去看見他們和對待他們，他們就會真的進化成最好的自己……然後會用我們渴望被愛的方式來愛我們。

我已經看過這方式一再失敗。結果我們得自己撿起破碎的自己，然後把自己交給某個人，但他們也無法用我們值得的方式珍惜我們。

當你讀到這裡，或許回想自己曾經經歷過這類失望或失去關係的情況，又或者你可能現在就在這情境中。

我有個好消息。我們可以透過內在的個人獨立來療癒這個核心傷痛。我們能夠了解自身無法估計的價值，並且因此吸引到很棒的伴侶。我們都是無價的，我們的一切本質都值得被尊重。我們不需要很完美也能被愛。透過展現脆弱面、不確定和誠實，我們方能逐步的揭露真實的自己。

你或許可以考慮運用冥想、祈禱、自我發展和療癒，來轉移自己將力量給予伴侶或潛在伴侶的行為模式。要釋放你曾經妥協自身價值的痛苦記憶，一開始可能感覺很困難。你可以向整合療癒師、人生教練或心理治療師，尋求協助進行這過程，而去採取這些步驟並且投資自己，是無價的。

鼓勵你給予自己時間來學習愛你現在的模樣。給自己時間深入探索，如何用自己真實的存在，以及自身有愛仁慈的力量，來犒賞自己。我會在這裡協助你，如果你需要請求援助的話。

隨著你開始把自己的情緒健康擺在第一位，會發現你越來越了解什麼會讓你開心以及什麼會讓你不開心。你會知道在哪裡以及和誰在一起會讓你有共鳴，什麼地方和什麼人讓你沒有共鳴。

你會學習到尊重和傾聽自己內在的聲音。到最後，其他人也會跟進，開始以更多的仁慈、理解、同理和尊敬來對待你，這樣伴隨鏡射的展現是種轉變性的體驗。

如此一來，你便能在完全了解並珍視自身獨特身分認同、喜好、能力與需求的情況下，去創造友誼與戀情。打從關係的開始，你就會從內在肯定，真實的自我是完整無缺的。在自我表述更清晰且更自信的基礎上，你將會吸引到正確反映你並與你互補的關係。

我發現培養自我滋養的例行活動很重要，包含各種我能夠獨自享受樂趣的活動。我也開始對自己說著鼓勵的話語。例如，每天我都會告訴自己：「我愛你。」建議你能找出自己能夠獨自做的活動，以及和他人一起做的活動，而且每天早上起床時，大聲的跟自己說：「我愛你。」

要創造自我表達與享樂的途徑，建議你培養興趣，不論是藝術、音樂、運動、寫作、養寵物或者舞台表演。探索各種活動的樂趣，例如健走、游泳、自行車、攀岩、舞蹈、K歌、滑雪或散步，探索是擴展興趣的健康方式。獨自從事某些活動以及參與團體的某些活動，都可以強化你的獨特自我認同感。

凱龍星在天秤座的陰暗面，隱藏在你的無意識層面，而其展現的模式，可能引發對你的不必要批評，而非帶來渴望的理解，以及你希望獲得的同理。凱龍星在天秤座的人，會有傾向完全失去自我身分認同，將個人身分認同與親密伴侶、朋友、合夥人或者家庭成員全然融合。你可能會抑制自身的需求，來服務他人的需求，最後感受到怨恨。

人們可能會因為你感覺像個變色龍一樣而批評你：如果你察覺到環境在情緒上對你不安全，你會改變意見（或改變主意）以維持和平、躲起來或融入群體中，作為保護免於遭受想像的（或真實的）批評與可能的危險。致力成為你真實的自己，並且在必要時設下和他人的健康界線，將有助於你改變把自己渺小化來取悅他人的模式。

隨著你培養內在的資源，辨識並且表達你的喜好，不再恐懼會被批評或被拒絕，那麼你將會逐步放掉那些你穿戴過的面具，那些用來隱藏你真實且美麗的內心、才華和癖好的面具。

你可能仍保留著小時候因為受到訕笑、羞辱或虐待所留下的傷痛，而最好的療癒，會是來自信任的家人、朋友和療癒專業人士的有愛支持。這些關係中的安全與信任，將會協助你脫胎換骨成為更完整的自己。

實用建議

- 練習培養和自己的仁慈及愛的關係，安排時間探索投入並享受各種能夠獨自進行的活動。例如，帶一本最愛的書到公園或海灘、看一部電影、為自己準備超棒的一餐、預約按摩或接受靈氣治療。這目的是要用關愛的方式，豐盛你的靈魂和滋養自己。

- 報名課程，學習很感興趣的東西。或者參加社區活動，支持你認為很重要的理念。參與線上社群認識志趣相投的新朋友。透過這些方式，你能夠開始定義並清楚表達自己喜好的事物。
- 和自己創造感官的連結，可以聽音樂、點蠟燭享受泡泡浴，或者到大自然中或城市裡散步。探索自己的性，了解自己的身體，方能讓自己完全投入和伴侶的愉悅體驗中。要能不帶愧疚，表達自己喜歡什麼和不喜歡什麼。

肯定小語

「我了解自己也愛自己。」

「我信任我的內在聲音。」

「分享我的喜好讓我感到開心。」

「我創造自己的幸福。」

「我不羞愧的完整表達我的性喜好。」

凱龍星在天蠍座

關於權力體驗與展現的核心傷痛

負傷凱龍星的感受

偏執妄想

漠不關心

性愛成癮

無法控制憤怒情緒

已療癒凱龍星的感受

信任

敏感體貼

有歸屬感

情緒直覺強

這一章的開頭，先來看幾個凱龍星在天蠍座時發生的歷史事件。這些事件都代表了凱龍星在天蠍座的關鍵核心傷痛，主要焦點在於權力以及權力的使用，不論是協調的權力或是遭濫用的權力。一九四七年，在總統職權的恰當運用下，美國總統杜魯門簽署了國家安全法案（National Security Act），設立了國防部、參謀首長聯席會議（Joint Chiefs of Staff）和國家安全會議（National Security Council）。

英國黛安娜王妃在一九九七年意外死亡，正值凱龍星在天蠍座，至今許多人仍為之感到悲痛，而相關陰謀論也依舊流傳著。作為權力濫用的展現，美國歷史上最大宗的集體自殺事件之一發生在一九九七年，由主要活動地點在加州聖地牙哥附近的美國不明飛行物體宗教組織天堂之門（Heaven's Gate）所策劃，總共有三十九名組織成員死亡，他們受誤導相信，在領導人馬歇爾·阿普爾懷特（Marshall Applewhite）和邦妮·內托斯（Bonnie Nettles）的帶領下，能夠升天達到「超越人類的進化層次」。而凱龍星在天蠍座給你帶來什麼重要性和訊息呢？

天蠍座的重點在於權力、他人的資源、動物本能、性和說服力。若是你的心理占星學上的凱龍星在天蠍座，那麼焦點就在於你對權力光譜的體驗與表達。換個角度來說，很可能你已經體驗過權力的錯置和濫用。例如，你可能有自我破壞的行為，並且傷害了自己，或者，相反地虐待他人。你可能感受過對他人很深沉的恐懼和不信任，而且很難消除這種感覺。你所面臨的核心困境，就是困惑著如何處理身體內這些深刻的不信任感受。你的情緒可能遊走在整個光譜上，甚至到達偏執妄想的程度。

為了避免感受脆弱的痛苦情緒以及不信任所觸發的恐懼感，你會自我保護的隱藏自己敏感的內心。你有著複雜的審查機制，來檢驗某人是否值得你的信任，而在那複雜的機制底下，是對於毀滅與死亡揮之不去的恐懼。這對你來說很痛苦，因為你很享受深刻強烈的情緒，也很喜愛與他人的肢體接觸。要療癒這個模式的關鍵在於，循序漸進的去信任你有能力展現脆弱，同時感覺安全。

由於凱龍星在天蠍座，因此你可能有著與生俱來的能力，在哲學、宗教、形上學、占星學、心理學、生命、死亡、愛與失去相關議題上，連結到更深沉的真理。許多形上學的傳統教導的是，你所恐懼的死亡並不是身體的死亡，而是失去自我或者活得不真實的自我。自我是我們內在可以展現愛自己的部分。然而，在想要保護我們自己免於潛在傷害與失去的驅使下，自我可能會推開他人，因而造成自身的破壞，也帶來我們所恐懼的失去。再者，在這個例子中，我們的自我告知我們有潛在的危險，不過那危險實際上有可能是經過偽裝的自我憎恨。在深信我們是在保護自己的情況下，我們那些未經療癒的恐懼和痛苦，會造成我們去疏遠他人或隔離自己，甚至堅決的拒絕他人。然而，在這情況下，凱龍星在天蠍座的人，實際上可能造成自己的孤寂和分離感。

心理占星學上凱龍星在天蠍座，會讓你的自我心智為了生命中察覺的狀況，而去挑剔自己並且責怪他人。你對自己格外苛刻，而且時不時就會批判和指責。自然擺脫這種思維的方式，就是把責怪和批評轉移到和你親近的人身上。

與其用這種過時的自我破壞運作方式，去傷害自己與傷害他人，不如我們看看可能的解決方式。我們可以選擇去檢視我們的這些責備、批評和恐懼，看看它們包含了什麼訊息。你的內心通常會希望你去連結並傾聽這些深沉的渴望。

你有很強大的直覺能力和敏銳度，你的這些能力通常比你的同儕和家人還強。當你連結到深沉的內在智慧時，你的直覺天賦和療癒能力就會散發光芒。而當你持續向他人揭露內在的自我，你與生俱來的天賦也會隨之成長。你因此擁抱了會害怕與他人親密連結而無力招架的恐懼。這份共同的脆弱，正是關係中建立信任的元素。

是的，對另一個人敞開你慷慨寬厚的內心，有可能傷害你。你有可能遭遇背叛、失望或遺棄。然而，隨著每次連結的體驗，你的內心有著潛能能夠更完整的敞開。隨著每次分離，你的心也會成長得更深更廣，而且只要你給予引導，它在每次分離中都能療癒。隨著你逐漸擁抱活在你內心裡而不是活在你的腦袋中，會感覺恐懼和焦慮是很自然的，但當你在做這樣的轉移時，你同時也獲得能力去容納和體驗比以前多的無條件的愛。

你可以探索的一個議題是，拿自己和他人比較的行為，很明顯這個自我批判的過程，可能已經不再有用。這種思考模式可能來自你成長過程中，家人會時時拿你被認定的缺點來提醒你，當作是你「眾多失敗」例子的一部分。

由於凱龍星在天蠍座，你可能已經對自己有著負面的信念，這在心理治療界稱作「心力內投」（introject）。簡單來說，心力內投被定義為對我們自己的錯誤信念，這樣的錯誤信念，是由有影響力的人傳給我們的，通常是主要照顧者或家庭系統。這個被我們認定為真理的信念，也就成為我們對自我概念的一部分。

當你學會停止批判自己，不再誤以為自己沒有價值，並且不再拿自己和他人比較，那麼療癒的過程就可以真正展開。這類內在批評的自虐行為，會阻礙你真實本質的展現。你是個強大的存在，被召喚到地球上展現愛，你有能力成為轉型領導者。

拿自己和他人比較是個思維的習慣，而你現在就可以選擇消除這習慣。當你陷入自我批判的循環，你的中樞神經系統就會處在經常啟動的高警覺狀態。在你醒著的時候，這種經常性的過度激發和過度警覺狀態，意謂著你在百分之百的時間裡都帶著防備。你可能看起來很焦躁、焦慮、不安而且尖銳挑剔，很難待在你身邊。因此，人們可能會誤以為你很固執或冷漠，但這和真實的你相差甚遠。你是非常敏感、有洞察力、有直覺力的。

進行冥想練習可能讓你大大受益，不論團體冥想或獨自練習。冥想能安定你的中樞神經系統，回歸平靜未激發的狀態，而這會給你的感受帶來正面的轉變。

參與探索各種權力使用與濫用主題的社群，可以透過哲學、形上學、卡巴拉生命之樹（Kabbalah）、占星學、心理學和靈學等領域，找到連結。在這些社群和其他社群與傳統中，找到與有志一同者的共鳴，能夠促進你內在的協調。

你有潛力運用自身的能力給我們的星球帶來革新，而那是要從你個人的進化開始。在這進化的狀態中，你會變得對他人有磁性，吸引大量的人來到你身邊。許多人會想要聽聽你的想法，想要知道你是如何學會寬恕自己的，讓你現在能從同理和無條件之愛的感受中獲取力量。你有能力把人們聚集在一起，並且傳遞強而有力的自我療癒訊息給人們。

你是否發現，因為建議你用無條件的愛和自我同理作為療癒慰藉，而顫抖不已？敞開你自己去信任他人的過程，在此時可能讓你感覺可怕，但你可以透過逐步給予信任，來共同創造親密關係，藉此擴展你的能力，並且療癒凱龍星在心理占星上的傷痛。

無條件的愛，不在乎我們的錯誤和缺陷，它看的是我們內在的完美，那是我們神聖核心裡的真實自我本質。生命經歷、創傷、傷痛和虐待，造成我們許多人的枯萎，無法和他人形成信任的關係。

你可能害怕深刻的愛，因為你相信對方會因為某種原因離開你，而且，最終當然會死去。這份對失去深愛對象的恐懼，對你來說可能是如此排山倒海，難以化解。如果你能夠做出必要的模式轉移，轉為擁抱某個與你有共鳴的傳統裡的靈性概念，並且結合支持你的信念，你將會開始緩解自身的恐懼。

身為執業療癒師與共同創作者，我擁抱愛永不滅的信念。愛會改變形式，但一個人、一隻寵物或一段記憶的本質與能量，是會一直伴隨我們的，直到永遠。許多傳統中都有這樣的觀點。《奇蹟課程》裡有個段落寫道：「真實的一切，絕不可能受威脅。不真實的一切，根本就不存在。上帝的平安就在其中。」

對你來說，平靜是什麼？你能夠如何延伸唯有愛是真實的概念？你能夠如何將無條件的愛轉向自己？在你對自己所做的眾多指責下，你能夠如何寬恕自己？

在你的思維裡，你可能對自己很殘酷，但那已經對你無益了。該是時候採取新的思維模式與信念。和你的過去告別，並且最終為過去的你找到接納，這對你會很有助益。

凱龍星在天蠍座所帶來的轉變，指出了你有能力將生命體驗重新架構為有意義的經歷。透過你自身的能力，深刻同理他人所共同經歷的強烈情緒，你擁有與生俱來的能力，去協助他人理解失去、悲傷和死亡。你的內在有著天生的直覺能力，能夠了解生命、失去和愛的深刻奧祕。

你能夠從你在發展階段經歷到的權力濫用中療癒，不論那是在原生家庭中或是在同儕中體驗到的。學習滋養你內在那個小孩，照顧他們的情緒、身體和心理需求，將可打破這權力濫用的循環。分享你的人生故事，將能協助你和他人的療癒，因為在那對話的相互關係中，你會發展出信任。這種共享的脆弱感，會在心理占星上療癒你。撰寫部落格、開啟播客、寫一本書、在戒酒會上分享或者其他類似的活動，能夠賦予你力量去改變，並且加深你與真實自我的關係。

凱龍星在天蠍座的陰暗面，可能在你的無意識狀態，而其顯現的行為與模式，可能觸發來自他人不必要的批評，而非帶來你渴望從他人那獲得的理解。需要留意的負面行為模式是，當你受傷時有可能會尋求報復。如果沒有加以處置，你的影子自我可能有黑暗、嫉妒和潛在暴力衝動的傾向。你所感受的無力感，會引發傷害他人與傷害自己的傾向。你可能會用想法、話語或行動來傷害自己或至親。

也要留意你會用性來獲得權力的傾向。性可以帶來極大的療癒力，同時也可能極具毀滅性。性可能給予錯誤的親近感，其中可能是完全沒有愛的。以性作為載體來體驗強大的轉變，有可能帶來傷痛，也可能帶來療癒。需面對處理你用性或性成癮來造成傷害的衝動，必要時，請向執業療癒師或性治療師尋求協助與治療。神聖的治療空間會創造安全環境，讓你更深入探索這些議題。

與靈性連結，或者養成聚焦憐憫的冥想習慣，能夠協助你穿越誘使你展現衝動陰暗面的強大底流。發展出歸屬感，是你在心理占星上療癒凱龍星在天蠍座核心傷痛的關鍵。成為團體的一部分，滿足你的靈魂對情感連結的渴望，同時滿足對親近感的渴望。

和你景仰的人創造親近的關係（或許是一位老師、啟發者、父母、手足、宗師、教授和引導者），有助於你培養不同的因應技巧，協助你處理關於痛苦、氣憤、無助或狂怒的感受。如果你有想要傷害自己或傷害他人的想法，請尋求專業的協助。

實用建議

- 你為人樂善好施，可以尋找機會擔任志工，協助你重視的弱勢族群。當你用富有意義的方式做回饋，你會留意到和自己內在積蓄的潛能有所連結。部分例子包括，擔任志工為你居住地區的遊民發放食物，或到動物收容所服務，或者參與各種助人計畫，或者擔任助人工作。
- 和伴侶一同嘗試繩索課程、攀爬和繩索垂降課程，或者適合伴侶的培養凝聚力課程。探索在安全和專業環境中，處理脆弱和信任問題的方式。
- 提出自我起始的計畫，並且指定明確的人選，尋求他們來協助你。透過這個方式，你同時練習了尋求協助，也體驗了接收協助，這些過程都能建立信任。你透過鍛鍊獨立性的肌肉，練習使用你的力量，而這能促成共同需求相互獲得滿足的概念架構。

▼探索到收容所、安養院，以及其他老年長期照顧機構服務的機會。你有著天賦能力，能夠串連起非物質世界與物質世界。

肯定小語

「我運用我的力量行善。」

「我在學習信任。」

「我是安全的。」

「一切都會順利的。」

「我很慷慨且仁慈。」

凱龍星在射手座

關於真實與幻覺的核心傷痛

負傷凱龍星的感受

- 自以為是
- 好爭論
- 心直口快

已療癒凱龍星的感受

- 致力於正義
- 富冒險精神
- 自我賦權

在心理占星學上，凱龍星位於射手座，是關於幻覺呈現為真實，也就是所謂的欺騙。要療癒你的核心傷痛，就是要讓不公義的事曝光，讓違法者負起責任。透過適當的管道，不論是現有法令或立法的管道，可尋求賠償，亦可透過建立適當的結盟和條約來提供防護。一九四九年凱龍星在射手座之際，北大西洋公約組織的成立便是這類條約的例子，該組織目的是要結合並強化二戰同盟國的回應能力，因應蘇聯與其華沙公約組織盟友對西歐可能的入侵行動。二〇〇一年九月十一日，美國世界貿易中心以及五角大廈遭到攻擊，隨後美國總統喬治・布希發動全球反恐戰爭，持續致力於先發制人打擊恐怖分子，作為防護美國的保衛措施。

有一個歷史事件，突顯出幻覺被呈現為事實的核心傷痛，該事件發生在一九五〇年代的麥卡錫時期，參議員約瑟夫・麥卡錫（Joseph McCarthy）與其追隨者以顛覆和叛國的罪名進行了非法審判，但這些罪名都是沒有實質證據的指控。這樣的行徑摧毀了無數人的生命與事業，而他們的目的，是要突顯並煽動「紅色恐慌」（Red Scare）的衝擊性。現在，來看看凱龍星在射手座對個人有什麼影響。

如果你的凱龍星在射手座，那麼你體驗到的核心傷痛，會影響你分辨真實與虛假的能力。你把這種內在的兩難情況，認定為在發展穩固信念系統上有困難，或者在連結高我來正確明辨真相方面有困難。不論是哪個情況，你都覺得無法清楚的理解自己、自己的人生，或者周遭的世界。

由於從小就得適應一個看似虛假的環境，因此你的成長過程給了你一種自我削權（self-disempowerment）的感受。你的周遭充滿了幻覺與虛偽，而你很疑惑為什麼沒人來處理這問題。在孩童和青少年時期，你本身還沒有力量可以有所作為，因此，你可能求助無門，只能壓抑住自己的氣憤、暴怒或哀傷。你需要更多的支持，來找到自身的真實並發展自身的信念系統。現在是時候來處理你的信念，並且堅強的支持你所相信的真相。

你是個理想主義者，這是最好的讚美，你重視高道德，喜歡為公共利益做正確的事情。同時，你可能感受到你與高於自己的事物、更高的真理以及你的靈性之間的連結，受到了干擾。你可能還不知道如何與超越自己的廣大無邊宇宙連結。

你可能在世俗或宗教與靈性的追求過程中找到這連結。其他可能探索的領域或努力，包括大自然中的事物；閱讀、散步；冥想或祈禱；上教堂、猶太教堂或清真寺；參加靈修團體或讀經會；了解形上學、卡巴拉生命之樹、哲學、占星學或東方哲學；或者擔任志工、同儕領導者或參與政治運動來服務他人。

想要尋找個人意義與信念，你能夠探索的事物並沒有限制。當你能夠將人生視為一場冒險，並且在更廣大意義的背景下找到歸屬感，就是生命帶來的大禮。

你可能有共鳴的領域是更高的教育和學習、國外旅遊、政治和法律。若你對這些領域有所偏好，你應該考慮探索這些領域，在你的新生活中找尋意義。

在你尋找自身完整性的旅程中，透過好奇心檢視你的體驗是會有幫助的，找到方法從新的事物中獲得樂趣，會帶給你慰藉與內在平靜，並協助你解答「我為何來到這世界上？」的問題。

凱龍星在射手座，會將隱藏在陰暗處的事物暴露在陽光下，其中一個例子就是「我也是」（#MeToo）運動，以及二〇一七年《時代雜誌》年度風雲人物「打破沉默的人」（那些揭露自身遭遇性侵和性騷擾經歷，並且將這運動推上浪頭的人），和後續新聞與社群媒體對該運動的報導，公開揭露了有權勢的男人侵害女性的醜聞。這正是凱龍星在射手座，讓隱藏在陰暗處的事情曝光的方式。

好萊塢譴責了曾經騷擾、虐待和侵犯女性的男領導者。美國因為川普當選總統而分裂。

部分人認為川普讓美國再次偉大，而部分人則認為他就是美國內部問題的象徵。

關於職場性騷擾的議題，促使雇主執行了敏感性訓練，並且對這類犯罪行為採取零容忍政策。我們看見個人事務成為了政治議題。特別是女性紛紛崛起，在政壇上取得一席之地。

如果你是女性，我要鼓勵你為自己身為女人的權利發聲。如果你是男性讀者，我要讚揚為了女性站出來表達支持的你們。如果你是跨性別者，我向你致敬，你在公共領域開放地做自己的勇氣，迫使立法者承認你們在生命、自由和追求幸福上，同樣享有平等的權利。

相信能夠協助美國療癒的因素，可以在凱龍星位於射手座的完整潛能中找到。凱龍星在射手座啟發了創意修法，而其效應將影響未來的世代。同樣的改變也會啟發法令修訂，讓孩童、青少年、恐怖分子、幫派成員、罪犯和精神疾病患者，無法取得槍枝。同樣的力量也會協助我們，為退役軍人（畢竟他們都曾致力於保護我們的權利）提供他們所需的支持服務。醫療照顧的改革，以及為移民提供留在美國打拚的途徑，都是同一層面的革新。如果這其中有你認為很重要的理念，採取行動盡一份力，是你在心理占星上療癒凱龍星在射手座核心傷痛的一個方式。

凱龍星在射手座的人，可能會發現一些凱龍星核心傷痛的層面，是深深埋藏在你的無意識狀態中，因此在你的意識層面，你的行為可能引發他人不必要的批評，而非帶來你真正渴望的理解與同理。你需要留意的行為包括，心直口快的傾向，因為這可能傷到他人的感受。相對於被愛或愛人，你可能更重視正確。這可能意謂著別人會認為你自以為是，甚至喜好爭論。這個行為模式有個不幸的結果，就是你會把人推開，而不是把人吸引過來分享你的想法和信念。當你了解到你不需要「正確」來穩固你的真理，那麼你就能達到內在平靜。允許他人去找到他們自己的道路，對你會是一種解脫。

把寬恕和同理傳送給自己，有助軟化你對自己的批判，你就能夠帶著愛將真相的訊息傳遞給他人。要記得，找到你個人的使命宣言能帶給你療癒，而研究靈性真理，則能協助你強化自身的信念系統。

實用建議

- 跟你能想到的感興趣事物都培養一種連結感。接觸能夠提供與這些興趣相關事物的人事地物，來探索這些感興趣的東西。
- 在網路上搜尋「找尋意義與目的」相關的主題，看搜尋結果有什麼勾起你的好奇。我在搜尋中找到超過兩千九百萬個結果。留意你可能會閱讀的書、你可能觀看的影片、你可能會聽的播客，或者開始寫自己的部落格或錄製播客，或寫文章投稿發表。

- **TED**（科技、娛樂、設計大會）和 **TEDx** 平台讓有靈感啟發的人，能夠分享他們的想法和哲學，拓展我們的心智視野。觀看一些相關影片，看看自己是否受到啟發要採取行動，也可申請到其平台上演說。
- 考慮去旁聽一門課，純粹只是去學習。參加靈境追尋活動（vision quest）、死藤水（ayahuasca）冥想活動或瑜伽與冥想靜修等。探索你有共鳴的類似活動或體驗。

肯定小語

「我和自己的高我有連結。」
「我的核心信念支持著我。」
「我找到生命的深刻意義與連結。」
「我是真實的。」
「我的內在很清晰。」

凱龍星在摩羯座

關於責任、成就與成功的核心傷痛

負傷凱龍星的感受

控制狂

貪婪

恐懼失敗

機會主義者

已療癒凱龍星的感受

留心當下

能夠尋求協助

有信心

能夠設定界線

一開始，我們先來看一些受到凱龍星在摩羯座影響的歷史事件。要療癒由貪婪、過度控制、約束或追逐利益，所引發的心理占星核心傷痛，需要透過設定界線以及培養健康的自尊心來執行。我們在一九五〇年代時見過這情況，當時我們的社會因為信用卡大來卡（Diner's Club）發行而逐漸債台高築，信用卡的「先享受、後付款」經濟文化，同時代表了凱龍星在摩羯座正面與負面的潛能。二〇〇四年時，第二次世界大戰國家紀念碑在華盛頓特區公開，用以紀念第二次世界大戰中犧牲的超過四十萬名美國人。當獲得療癒與協調，凱龍星在摩羯座會給予適當的讚揚。那麼在心理占星學上凱龍星在摩羯座，對你來說代表了什麼意義呢？

在你的成長過程中，你曾經被批評不夠好或不夠成功，這些批評的傷害，形成了你的核心傷痛。這些傷痛的經歷內化成你的自我概念，成為那個不夠好的內在小孩。你成年後的自我，可能仍舊帶著這個身體記憶，伴隨著相關的受限信念：「我不夠好。」

你可能經常沒有意識到這部分的自己，直到傷痛遭到觸發。因此，你可能會積極的避免受到批評，因為那可能帶來如洪水般的強烈負面情緒。這些情緒是來自你的內在小孩，他很羞愧沒能達到那些不切實際的期望，或者因為他很厲害的完成了與年紀相符的任務卻沒得到讚美。

這些早年的記憶印象，如今在與你的成就感、責任，以及成功相關的核心傷痛中被喚醒。因此，你可能過度控制和約束，或者過度情願將控制權交給他人。

由於凱龍星在摩羯座，因此你可能迫切的想要成功，卻又同時覺得自己永遠都不夠好，或無法真正勝任，或無法真心滿足。這種感受讓你感覺很不穩定，因為你事實上被認定是很成功的，而且你費了很大的努力要有所成就。你真的想要透過自己選擇的努力，來做出一番大事。

當你恐懼自己會失敗，或者當你對達成目標的過程變得沒有耐心，你可能會犧牲倫理道德，以獲取個人益處，也就是貪婪。這個呈現方式，可能是偶爾會說說無傷大雅的謊話，讓數字好看一些。追逐利益和欺騙的補償行為，就是用來填補自身有所不足的感覺。這種欺騙的傾向是需要留意和矯正的。

追逐利益和欺騙的補償行為，是用來填補自身有所不足的感覺。不論你是否有因為自己真正的價值而受到認同，或相反的去操弄了條件來取得價值，你經常都被認定是成功的，而且因此你可能會花更多精力來維持正面形象，這可能會讓你的能量枯竭。

較好的能量與資源運用方式，是在組織、計畫和排程方面，尋求同事或導師的引導和協助。由於你是有能力且能自我反思的人，因此你通常只需要一點點建議和引導就能改變。當你尋求協助，並且允許他人幫助你，你就能感受到情緒上的自由。在你獲得療癒與信心的結果下，你可能選擇成為他人的導師。

運用正面的肯定，例如「我可以做得到」、「我夠好了」，以及「我今天已經在我的能力範圍內做到最好了」，會協助你學會相信，你在追逐目標過程中所採取的漸進式步驟，可以為你帶來賞識、讚美和正面的名聲，這些對你擁有健康的自信心是很重要的。

追逐目標的過程中，我們通常需要建立必要的界線才能達成目標。對於設定健康的目標變得熟練，對你來說是很重要的。溝通你的需求以及相關界線，是你每天做決定時需要專注的部分。可以有適當的暫停時間，和信任的朋友或同事討論不確定的地方。

一整天下來我們通常是在無意識狀態下做決定和交涉，沒有太顧及這些決定可能帶來的正面或負面結果。從留心的觀點保持在當下的意識中，可以協助你建立並維持個人生活與職業生活的平衡。然後你就能夠從真誠處出發，引領自己成功並且獲得他人的尊敬。

如果你的核心傷痛沒被覺察，而且被忽視，你可能會受到他人批評，而非受到支持。簡單來說，凱龍星在摩羯座的陰暗面，隱藏在你的無意識層面，而顯現出來的行為會觸發他人嚴厲的批評，而非帶來你渴望獲得的理解與同理。

這些你需要留心的議題，會出現在與成功、利益和聲望相關的生活領域中。要注意自身從事某些活動和行為的傾向，這可能讓你被他人認定為狡猾的機會主義者，更糟的是，被認定為利用他人的人。你喜好成功，如果這樣的衝動沒受到控制，你可能會去追逐權力，把利益擺在他人與他們的感受之前。在電影《華爾街之狼》（*The Wolf of Wall Street*）中，李奧納多．狄卡皮歐飾演的角色，就是凱龍星在摩羯座陰暗面的典型象徵。他不擇手段要獲得金錢上的權力與成功，全然無視自身行為給身邊的人帶來什麼負面影響。

找出有效服務他人的方式，能夠療癒脆弱與軟弱的區域。尋找雙贏的機會，在創業時展現。創立慈善事業、志工組織或社區發展團體，這些都是你能夠運用自身技巧展現典範的方式。

實用建議

- 伸出援手協助他人成功達成他或她的目標，和他們一同設定可測量和可觀察的指標，來確定進度。通常透過協助他人，你也會找到滿足感，並且療癒你的靈魂。這個撫育你內在小孩的舉動，會給你抑制或批判自己的那部分，帶來自我接納和寬恕。
- 每週做一件純粹享樂的事情，可能是去吃冰淇淋，或者到公園散步，或者去海灘。其他的放鬆享樂活動，還包括看電影、享受閱讀樂趣、聽音樂會、體驗性滿足或者買花給自己。

✓找到一位老師、導師、訓練員、教練、課程或支持團體，並且針對自己遇到困難或感覺發展不足的部分，尋求協助。沒有人是萬能的，所以允許自己快樂學習。了解到成長、犯錯和不完美，都是學習過程中的常態。這些都是你學習曲線的一部分，是培養新技能過程中自然且正常的部分。學習幽默面對自己的失誤，學會笑自己，而不是躲在你的錯誤背後，或者批評自己犯錯。

肯定小語

「我現在就已經夠好了。」

「我會達到我的目標。」

「我在需要時會尋求協助。」

「我散發成功的氣息。」

「人們可以倚靠我。」

16 凱龍星在水瓶座

關於連結與社群的核心傷痛

負傷凱龍星的感受

對自己感到失望

和自己的身體斷了連結

自我挫敗

如同隱形人

已療癒凱龍星的感受

與直覺有連結

能夠表達感覺

和他人與社區有真誠的連結

在凱龍星位於水瓶座的影響下，一九五九年卡斯楚在古巴取得政權，象徵了該星象位置關於與社區斷了連結的核心傷痛主題。卡斯楚傷害了古巴人，透過共產主義將古巴孤立，與世界的其他地方切斷連結。透過口語表達，能夠找到凱龍星在水瓶座的療癒。二〇〇五年，卡崔娜颶風帶來破壞，以及全世界社區聯合起來提供支援。這次天災摧毀一個社區，代表了凱龍星在水瓶座的核心傷痛，但同時也透過社區的重建，代表了凱龍星在水瓶座的療癒，特別是紐奧良和墨西哥灣地區的重建。二〇〇八年，在任職三十年後，比爾・蓋茲離開了他在微軟的全職職位，專心投入「比爾及梅琳達蓋茲基金會」（Bill & Melinda Gates Foundation），這代表著凱龍星在水瓶座獲得療癒的美好層面，為整個社區服務。而凱龍星在水瓶座對你的意義為何呢？

凱龍星在水瓶座的人，核心傷痛的區域，主要在於有能力或無能力與他人連結創造社群。如果你的凱龍星在水瓶座，你要連結並且確實歸屬於一個社群所帶來的困難，在於這會創造出很深沉的分離和孤立感，儘管你身在一個團體中，實際上也很難和自己的身體有所連結，以及和整個實體環境有連結，這更加重了孤立的感受。

換句話說，你很難有融入的感覺。這造成了你在人際關係上的分離與失衡感。你沒能連結到內在的感受，知道自己是重要與被愛的。這是很痛苦的狀態。你有個永不停歇的感覺，覺得自己從沒找到——或者已經失去——自己的族人，因此你可能感覺自己好像生活在異國的流浪者。同時，你所做的職業可能需要你和一起工作的人一起組成社群。

如果你搬遷到新的城市，可能會重新體驗這些核心傷痛的感受。你可能會有種孤單的感覺，儘管你身處在有數百萬人口的大都會中。你可能會疑惑自己是否真的會找到能夠融入的地方。

最初幾年，你可能會用導航軟體找出從一個地點到另一個地點的方式，例如，從家裡到工作的地方，或者到雜貨店，到喜愛的餐廳，到健身房，或者到教堂。當你有流離失所的感覺，或者有強烈的寂寞感，試著回想當初搬遷的原因，可能會有幫助，或者想想你在新的環境中，究竟想要創造什麼樣的獨特社群。透過持續用心投入在新的城市裡，你最終會越過一個轉折點，內心會知道你在為自己創造社群上已經有所進展，這會給你的內在帶來滋養的感受。

回想你做出改變的動機，並且在你的新家找到目的，可以讓你與更深沉的意義重新連結，能在情緒不穩定的時刻，帶來自我安撫和平靜的效果。經過一段時間，這個新的地理位置會變成你的安全基地。每天提醒自己說你正在創造穩定性，這是會有幫助的做法，可以給你的生命帶來新的成就感。

如果你有靈修習慣或者宗教信仰，可以把這些元素納入你創造社群的過程。尋求靈性的引導，給你跡象顯示什麼地方和哪些人可以讓你融入，可以讓你有共鳴。我們是強大的創造者，但在感受分離與孤立的核心傷痛時，可能會忽視這一點。提醒自己改變是持續在發生的，即使是在你沒看見的時候。這些改變的巨輪一直在為你轉動，只是你並不知道。如果你對這些話沒有共鳴，那就創造你有共鳴的敘述，並且用那陳述來獲得慰藉。

請開始留意這在你身邊帶來的結果。當你在街上與人擦肩而過，或處理日常事務時，請隨時留意。當你留意當下，你與他人的邂逅也會變得更有意義。試著認識新朋友，創造新關係，有些關係會維持，有些不會。而你的個人互動，可以包括和某個你想進一步認識的人做更深入的交談，或者和另一個人分享一個時刻或一餐飯，然後就分道揚鑣。

培養對當下的覺察，能夠轉移你核心傷痛的分離感受。你能做什麼來開始找到新的方式與他人連結？有什麼能給你的生命帶來意義與目的？當個人互動開始增加，你要如何開始感受互動中的創意空間？當我在紐奧良與洛杉磯兩地往返時，我採用了一個正念模式來擴展我的新社群，我現在要把這方法告訴你。當我和生活中遇到的人交談時，我盡可能把注意力放在當下，不論對方是來福車（Lyft）或優步（Uber）司機、收銀員、停車場服務員，或者雜貨店排隊結帳時站在我旁邊的人，我在每次對話中都是給予全部的注意力。我也會問人們過得如何，並且停下來聽他們回答。這改善了我的生活。直到今天我還是會在一整天中提醒自己，試著完全專注在當下傾聽他人，別又開始健忘和趕時間。

為了不讓自己太匆忙，可能的解決方法是，稍微提早出門前往目的地或赴約，讓自己一天中有較多寬裕的時間，你可以更放鬆，享受當下的時光。這樣的練習，為我帶來了意料之外正面的對話和邂逅，而我也有充裕的時間停下來與人交談。你是否願意考慮，在生活中運用這些技巧或者其他的技巧，讓你也有餘裕與他人有更多的連結。

我發現每天都重新回顧自己的意向很有幫助，讓我能夠記得主動聆聽我可能在路上遇到的人們，否則很容易就會忘記，然後又恢復舊模式，匆忙趕往我的下個約會或活動。我對自己有耐心。

我很感激能夠和你分享這些，因為我真的相信這能幫助你發展對你很有意義的社群。請允許自己稍微放慢腳步，讓自己能開放接納那些出現在你人生道路上的人們，你甚至可能正是他們今天所需要的禮物。

話說回來，你所體驗到的孤立和社交焦慮，可能導致你避免接觸他人以及形成你渴望的親近關係。每當我在一次對話中感到焦慮，我會試著在內心對自己承認這焦慮的存在，然後把我的焦點轉回我面前這個人正在對我說的話。

透過運用這種把焦點從我轉移到他們的方式，經過一段時間的反覆練習，後來我的焦慮感就減輕了。如果我沒什麼要說，我已經學習到純粹的聆聽，然後當我想結束對話時，就和對方委婉道別。我希望能夠用我有共鳴的真誠方式交流，而不只是試圖填滿沉默或者表現「禮貌」。你可能會想要嘗試這些技巧，或者創造新的技巧，看看自己的焦慮是否因此開始減緩和消散。

即使是社交高手，也必須在某種程度上學習如何處理自身的社交焦慮。我自己也是需要學習，而我了解到，當我在面對自己對於遭受他人批評指責的恐懼時，我決定了要承認這恐懼的存在並且直接去面對，而不是讓恐懼癱瘓我，讓我無法出席活動或參加派對。恐懼是社交焦慮底層的情緒，而且它會想要孤立你，讓你無法進行有意義的連結。畢竟，經驗告訴你，這樣是比較安全的。然而，請放心，如果你的凱龍星在水瓶座，你可以透過與他人連結，並且學習處理這情況所帶來的焦慮，進而找到你所需要的療癒。

我們所抱持的恐懼，通常是不切實際的，特別是我們在考慮是否出席社交活動時，可能會面臨到的想法與信念。下面這些敘述聽起來是不是很熟悉：「那裡會有我認識的人嗎？」「要是誰誰誰出現在那裡怎麼辦？」「要是誰誰誰沒有來怎麼辦？」「我不擅長應付一大群人。」「我不知道要聊什麼。」「我太胖了不能見人。」「我不知道那個誰誰誰為什麼不喜歡我，可是他們很有可能會出現在那裡。」「我不喜歡這些『膚淺的』派對，沒有人會聊些有意義和有價值的事情。」

這些都是自我貶低的想法，偽裝成藉口，讓我們避開和他人連結的可能體驗。若要在這部分做轉移，希望你能考慮在下一次受邀出席社交活動時，能決定把它看作純粹是建立連結與社群的潛在機會。

你可以特別和在場的每個人打招呼，詢問他們近況，然後帶著同理與開放的態度，真誠的聆聽他們的回答。你可能會決定和幾個你有共鳴的人多聊幾句，並且更詳細了解他們真實的生活狀況，然後用真誠的方式，分享自己的生活狀況。你可以決定在這活動上待多久時間，是你會感到舒服的，然後在你覺得能量用盡或無法招架前就先離開。

在任何社交或專業活動上，我們每個人都有機會用我們可以覺得自在的程度參與。試著了解自己需要什麼才能感到自在，並真誠的連結和獲得能量。尊重自己的界線，傾聽自己的內在聲音和身體天生的智慧，它們會引導你。和你靈感啟發的源頭保持連結，也是非常有幫助的。

你在心理占星上的療癒，來自你尋求成為某個比自我更崇高理念的一分子，而與他人有意義的連結，也能帶給你療癒。有創意的探索這過程，讓它充滿樂趣。如果是在你關心的人道主義理念環境中，去找到與他人健康的連結，可能是個更有樂趣的過程。

將意義重大的理念，與個人互動兩相結合，會帶給你樂趣以及成就滿足感。透過帶給你生命意義和享樂的方式與他們連結，能夠療癒水瓶座核心傷痛中的孤立感受。透過這方式，你的心智和心靈會開始整合為一。

凱龍星在水瓶座的陰暗面，可能隱藏在你的無意識層面，而我們透過這陰暗面所展現的行為，可能觸發來自他人的嚴厲批評，而不是帶來渴望的結果，和我們希望獲得的同理。留意你需要獨處時可能排擠他人，因為你可能不經意的推開了他人。這可能成為自我破壞的情況，雖然你私底下渴望的是親近感，但外在行為卻是拒絕他人。在這情況中，你可能看起來很冷漠而且有距離感。

留意逃避型依附的行為，對你會有幫助。因此，建議你再次閱讀第4章中討論的不同依附形式。尋求治療（或這類的專業協助），也能幫助你探索可能經歷過的創傷或虐待，這些經歷可能造成你出現這樣的防衛機制。有時，我們需要更深沉的療癒過程，才能讓我們敞開自己去接納愛以及和他人的連結。這是你的心理占星療癒過程中很自然的一部分。請給自己一個安全的地方表達你的情緒和探索你的傷痛，好讓這些傷痛能夠療癒。

最後，我要和你分享瑪莉安．威廉森的一段話：「我們被教導要恐懼，而不是要彼此相愛。我們看到的是一個不足的世界──匱乏且危險──透過這樣的認知，我們得到結論認為，我們必須要競爭，犧牲他人才能滿足我們所需。事實上，正是我們認知的分離，才造成這種匱乏之感……恐懼是心智倒戈威脅我們自己的力量──那個無愛、解離又絕望的自己。這是我們的自我憎恨，偽裝成為自我之愛。」

讓我們一起承諾選擇愛自己，這樣才能將愛與他人分享，並且在我們的世界中創造有意義的關係連結。

實用建議

- 有意識的定義你覺得有意義的體驗。開始練習運用書寫或錄音的日記，來記錄你的想法和感覺。檢視在哪些與他人社交連結的活動或地點，讓你覺得有歸屬感。每月至少做一次，一段時間後，增加為每週都參與社交活動。
- 邀請一個志趣相投的人，一起做一些兩人都感興趣的事情。例如一起去喝咖啡、喝酒、吃飯、看電影或看音樂劇，或者是到大自然去健行、騎腳踏車或者散步。也可能去看畫展、參加烹飪課，或探索人道主義活動或志工機會。分享一些你記錄在日記裡的事情，或許是展開更深度對話和連結的方式。
- 選擇一個你信任的人，向他傾訴你的孤立感受，並且詢問那人是否有過相同的感受。這樣你會開始知道，他人可能也經歷過和你類似的分離感。敞開自己的感受來創造有意義的連結，可以帶來新的連結管道，療癒凱龍星在水瓶座的核心傷痛。
- 參與一個和你感興趣議題相關的團體或人際網，例如園藝社團、戒酒團體、交友團體或讀書會。

肯定小語

「我允許自己去體驗關係連結。」

「我走出恐懼，走進愛裡。」

「我的貢獻是很重要的。」

「我和人有連結。」

「我是被愛的。」

凱龍星在雙魚座
關於自我照顧與非物質世界的核心傷痛

負傷凱龍星的感受

悲劇化人格
困在成癮習慣中
過度無私
被掏空

已療癒凱龍星的感受

能夠創造健康的界線
滋養自我
信任直覺
高度敏感和共感人

終於輪到你了，你的凱龍星在雙魚座。在物質世界中，你的核心傷痛聚焦於你在自我照顧上遇到的困難。而在非物質世界，你的核心傷痛，則是由早年成長時期的受害和背叛經歷所造成。這些傷痛，影響了你相信世界上有公平存在的能力，而你是很重視公平的。這份失望之情，導致你感受強烈的失去與悲傷。你不相信有個世界是你能夠真正安全居住在其中的。

在你成長的一九六〇年代，是美國文化上一個很獨特的時期。披頭四發表了《比伯軍曹寂寞芳心俱樂部》（*Sgt. Pepper's Lonely Hearts Club Band*）專輯，該專輯被暱稱是「夏之愛」（**Summer of Love**）社會運動的原聲帶。界線在哪？你要如何獲得你需要的關注？身為「愛」之子（私生子）是什麼感受？這些是你在創造自我身分認同時面臨的一些議題。你的需求可能並沒有獲得適當的滿足。

你的補償機制是過度發展成將他人放在第一順位。要你和重視他人一樣重視你自己，可能很困難。當然，這個模式必定會讓你有被掏空的感覺，因此，你有傾向會透過成癮習慣來因應。由於你忽視了自我照顧，因此可能有枯竭或精疲力盡的感受。你可能偏好協助他人而非協助自己，藉此逃避你持續增加且排山倒海而來的需求。

由於你付出了大部分的自己去照顧他人，因此當你被誤解而且被認定為太黏人時，你會感受到困惑與沮喪。我知道當你的努力付出未獲得感激時，那感覺有多麼讓人失望。我也曾經努力學習分辨要服務誰、何時以及如何去服務他人，因此我要跟你分享個例子。我學到的是，使用我的直覺超能力，肯定是最快失去我的能量與活力的方法（這個直覺超能力以為它知道別人需要或想要什麼，然後當然就去給了別人他們還沒有請求的東西）。

當然，我感覺被掏空了。如果你發現自己也在這情況中或類似的情況中，鼓勵你負起責任，並且採取必要的步驟為自己的賦權做出改變。做類似向可能消耗你的人事地物說「不」的練習。和改變行為時常見的狀況一樣，你的鐘擺一開始可能擺盪到另一側的最遠處去，而且你可能暫時的孤立了自己，去找到自己的平衡。

由於你知道自己的傾向是會付出太多，因此要開始練習必要時允許自己改變心意的技巧。建議你列出一兩個信任的人做為你的夥伴，詢問他們，是否能夠和他們討論與練習辨別個人界線，不帶批評、責怪與羞辱。當你找到了究責夥伴，開始和他們練習清楚表達健康的界線，這可能帶給你解脫的感覺。但也可能帶來焦慮，因為你先前已經很習慣去討好他人。

我們得承認，你必定會讓一些人失望。他人可能會議論你，不過他們說的可能會讓你感到意外。當你決定要深深扎根在你自身的重要性與價值中，你可能會很意外的發現，你的至親和同儕都會尊敬你。或許透過你自身的例子，你會讓他們回歸到他們的重要性與自我價值中，對於自身的限制也能更真誠以對。你實際上是讓舊有的模式和不健康的互動，不能再控制你的人生。

你在心理占星上的療癒來自：

一、學習設定健康的界線。

二、培養自我照顧的習慣來填補並維持你的能量儲備。

三、透過個人的靈性來滋養你的靈魂和心靈。

當你面對你的存在危機，而非逃避，轉變就會發生。當你轉身面向非物質的世界，轉變就會到來。當你擁抱你的直覺天賦，而非遺棄遠離這天賦，轉變就會顯現。這二元模式向我們展現，凱龍星在雙魚座核心傷痛療癒的一個層面。你天生擁有強大的直覺能力，因為你是很敏感的，甚至可能在高敏感族群／共感人的光譜裡。你可以在我的良師益友茱迪斯・歐洛芙（**Judith Orloff**）的著作《共感人完全自救手冊》（*The Empath's Survival Guide: Life Strategies for Sensitive People*）中，了解更多關於共感人的事情。

你擁有潛能可以培養出強大的能力，為人類更美好的存在而服務。德蕾莎修女就是凱龍星在雙魚座，而我們都知道她的一生甚至過世後，都給這世界啟發了許多改變。

如果你允許你的影子自我遮蔽了你的良好判斷力，過一段時間後，你可能發現自己深陷在成癮問題中。成癮習慣有可能是嚴重依賴酒精、藥物、性、食物、運動、強迫性購物或囤積等。

在成癮行為下，自我批判和自責會打擊你的自尊心。但如果你尋求協助，就能夠拯救自己。你能夠停止、轉移，然後改變，一步一步來。如果你致力轉變，你會在這個我們稱做成癮症的硬幣另一面，找到靈性的昇華。

這或許是你生命中接觸玄學主題的時機，可以參加直覺發展課程、線上工作坊、認證研習課程，或者深入沉浸式靈性研習靜修。

投資自己參與這些活動，能讓你遠離任何成癮習慣、模式和想法，幫助你自然的放掉不健康的逃避傾向。取而代之的是，你會在投入對你有意義的活動過程中找到喜悅。這樣的連結會賦予你力量，讓你堅強，並且開啟你的直覺天賦。

在著作《從流淚到勝利：反轉苦難獲得啟發的靈性旅程》（*Tears to Triumph: The Spiritual Journey from Suffering to Enlightenment*）中，作者瑪莉安・威廉森透過一個段落，描述了你要在生命中創造意義的存在需求，藉此實現你的潛能並找到內在滿足：「人類的存在並不只是個隨機事件，並不是除了我們都應該獲得我們想要的東西之外，就沒有更高的目的了。若只是獲得我們想要的，其中不包含任何服務、靈性或連結，那麼我們的生命似乎就缺少了最終的意義。靈魂渴望意義，就像身體渴望氧氣一樣。若沒有靈性的架構，我們雖然知道生命的機制，但卻無法真正了解生命。若無法了解生命，我們就會濫用生命。而濫用生命的結果就是，我們會給自己也給他人造成苦難。」

當你學會尊重你自身的健康界線，你就能獲得療癒。問問自己：我需要什麼才能療癒？留一些空間，讓那答案自己到來，然後採取適當的步驟，納入那些能夠見證你的進展的人們。和你那些來自背叛與不正義的未解核心傷痛，進行內在對話，詢問：這對我來說可以有什麼更高的意義，而且，我可以如何用不同的方式來看它？然後傾聽你自己的答案。

這個和自己進行內在對話的練習，會讓你培養能力檢視自身的痛苦，並且詢問它想告訴你、教導你或警告你什麼事情。這樣的詢問不但能給你方向，也讓你能和自己的直覺與靈性指引有更深刻的連結。你可能會想要試著寫日記給更高的力量，例如上帝、宇宙、神聖母親（Divine Mother）、地球或先人，談論造成你感覺被困住的問題，然後寫一封信回覆給自己，開頭寫上「親愛的＿＿＿＿＿＿＿」（在空格填入你的名字）。

要尋找與更高意識的連結，有許多信仰系統可以取用。有為數眾多的各種教義，思想，以及和世俗、靈性、宗教、哲學、人道主義或形上學相關的研習課程可以選擇。

透過花時間去探索和正價（本質上良好的事物）有共鳴的事物，你將會知道，哪些事物能夠滿足你追求有限生命之外未知事物的渴望。你找到的有意義事物，會成為符合你自身價值的自我照顧策略基礎。

有個視覺化的練習，可以幫助你不會忘記自我照顧的重要性。這是我從航空領域借來的比喻。你肯定會記得，飛機起飛之前，空服員都會做這樣的廣播：「當機艙失壓時，氧氣面罩會從上方落下。請務必先為自己戴好氧氣面罩，再去協助他人配戴。」

凱龍星在雙魚座的陰暗面，可能隱藏在你的無意識層面，而其展現的行動和行為，可能導致他人嚴厲的批評，而不是帶來渴望的理解與你希望獲得的同理。若是你曾經因背叛而受傷，或遭受不公義的傷害，有個特定的事情需要留意，就是你可能會透過自我孤立，而將人事地物推開。當你試著解釋、辯證或捍衛你自己，你可能會被批評成烈士，或者你可能被指責有「被害者心理」。

如同我先前所討論的，你會付出過多的傾向，可能讓你招致批評。留意這些自我破壞的模式，並且了解你可能會試圖逃避，用任何方式來迷失自己和自我認同，包括對酒精、藥物、性、購物、食物、自我批評、人們、運動、地點等事物成癮，或者任何其他強迫症，讓你無法擁抱美好且寬宏的核心自我。

實用建議

- 檢視你需要寬恕自己的事情，列出仍會傷及你情緒的體驗。從第一個想起的記憶開始，進行這個療癒儀式：把一隻手放在你的心上，大聲說：「我把愛傳送給這段記憶。」一一走過每段記憶，透過這個方式把愛傳送給你的記憶。允許情緒能釋放和清空，讓你能開放自己去感受決心與平靜。
- 挑一個你傷害過或背叛過的人，向他們做補償。相反地，挑一個曾經傷害和背叛你的人，並且展開必要的步驟，開始讓自己從這些傷害中療癒。過程中可能會需要和那個人直接的交流，或者寫信給那人，作為治療與人際交流過程。但別寄出那封信，而是把它燒掉，作為釋放的象徵，並獻給宇宙／上帝／自然。按照需要，反覆進行這儀式，直到感受平靜。如果你和這人還有連結，你可能會想和他們分享你寫的信。你如果在他們身上感受到任何的臣服，你們或許能夠一同進行療癒。

➤如果你有不健康的習慣或成癮症，列出處理這些問題的步驟，然後在他人的協助下開始執行這些步驟。覺察是第一步，而且從誠實面對的基礎開始，可以列出一連串行動，伴隨支持系統，包含自然的支持（家人與朋友）和專業的支持（治療師、療癒者、戒酒會、同儕團體和治療機構）。尋求協助是沒關係的。我們都需要他人的協助，伸手求援來拯救自己的人生並不可恥。

肯定小語

「我原諒我自己。」

「每個人都會有足夠的事物。」

「我喜愛我現在的模樣。」

「我是足夠的。」

「愛會開啟所有的門。」

療癒心靈的良方

轉變的比喻有很多，其中一個比喻是燒掉過去事物的一把火。這些改變的經歷，會深深烙印在我們的記憶中。穿越困境後在另一頭重生，我們以及生命本身也會變得更有價值。那些強烈衝擊的時刻，讓我們知道自己還活著。當我們延展到了極限，情緒緊繃到坍塌了，但我們仍從內向外擴展，超越我們所知的領域。

在我們存在的靜止時刻，當一切都很平靜時，通常會發自內心深處渴望熱情的生命體驗。這是我們的意念加深，而且變得更急切的時刻。我所描述的，有可能是我們生命中純粹極樂與高度狂喜的時刻，也可能是對於生命脫離掌控突然改變的記憶印記。

改變我們生命景色的事件，可能需要一些時間才會展現其影響。在此同時，我們也被丟到了一個新領域中，必須在沒有指引的情況下找到出路。我們可能實際上在轉瞬之間被推入了改變中，必須獨自摸索一切，沒有了曾經熟悉的慰藉與安全網。

近年來我遇到過許多女性，她們和我分享，自己在青少年時期就離家了，或者是被迫離開他們成長的家。我和她們有類似的遭遇。由於經歷了我從沒預期會經歷的事件，因此讓我困苦掙扎了許多年，想要找到內心的穩定，找到我自身的重要性和價值。一次又一次的情景，都在某個層面映照了我在青少年時期遭遇的創傷失去，影響了我的自尊與自信。

現在，當我回顧那時的人生，我是感激的。在年幼時就被迫要突破自身的極限，激勵了我最終能夠擁抱深刻且無條件去愛的能力。我變得有韌性，而且學會了寬恕的寶貴課題，雖然我當時還不知道。

我在童年時被迫快速長大，卻未擁有必要的自我照顧工具與因應技巧。十三歲時，我開始喝酒和吸毒，藉此應對遺棄、恐懼與寂寞的感受。當我父母在處理離婚手續時，我擔負起部分成年人的責任，照顧我的兩個弟弟妹妹。成年後回顧這一切，我現在也知道了，我父母當時的狀態肯定很糟糕。他們那時在經歷離婚的過程中，並沒有能力優先考量到我們。

我現在了解，我的父母也都有自身的傷痛，他們當時也是在盡自己所能做到最好的程度。現在我的心對他們充滿了愛與同理。我的手足和我也各自必須為自己的復原負責，過著自己的人生。

為了完全療癒，我發現我需要翻轉舊有的自我傷害腳本，自己化身為療癒的管道，成為直覺心理治療師、藝術家、發明家、播客主和作家。我需要分享我的脆弱面，才能透過這些脆弱面來療癒。為了讓我自己復原完整並且重拾力量，我需要大聲說出我的真相，並且被他人見證。我已經看到這過程在許多我認識和共事過的人身上發揮效益，因此，我也要鼓勵你努力找到自己的聲音。

透過分享我們的故事，給那些願意傾聽的人和願意陪伴我們復原的人，我相信我們破碎的地方也會變得更強健。而透過同理的傾聽以及暫時停止批判的意願，我知道我們也能鼓勵生命中那些有緣相遇的人，讓他們發揮出自身最大的潛能。

我花了好幾年的時間才了解，我必須要願意為我自身核心傷痛的療癒承擔起責任，才能療癒這些帶給我無價值、不值得和沮喪感受的傷痛。有許多年的時間，我一直重現這些傷痛特質，吸引會觸發這些核心傷痛的人，因此也強化並支持了我受限的信念，堅定傳達這樣的訊息：「看看你是多麼沒有價值、多麼不值得被愛？」由於我在心理占星上的核心傷痛未經療癒，因此我發展出了錯誤的信念認為，我是沒人要的、沒有價值的，也因此是可任意丟棄的。

我肯定在讀這些文字的你們，有些人也能感同身受這種因為核心傷痛未療癒，而被舊有模式牽著走的人生，造成了對自身重要性、價值和生來就值得被愛等抱持負面感受。賀卡、迷因（memes）和脫口秀，都在告訴我們：「時間會療癒所有的傷痛。」然而，並不是時間流逝本身療癒了我們，而是我們在這些時間裡做了什麼，才能療癒我們。如果我們擁抱轉變的需要，並且努力達成轉變，我知道我們能夠擺脫最深的傷痛，達到內在的平靜。能夠傾聽我的內在智慧，並且找到我自身核心傷痛中的一線曙光，是個祝福也是份大禮，教導我了解非凡的無條件之愛與寬恕。我和我的父母修復了關係，我們這些年來進行了數次必要的對話，而今我們已經能夠享受一起共度時光。當我能夠看見他們內在的凱龍星傷痛，我也學會了逐漸寬恕他們。如同我說過的，他們也在受苦，他們也需要自我寬恕、同理與愛。我很幸運能夠寫下這些，知道他們也會閱讀，並且了解我需要和你分享這一切。

我希望你現在就花一點時間，回想自身因為核心傷痛導致失去力量的故事。是不是你記憶中一個格外強大的改變生命時刻，造成你現在仍舊自責和羞愧？進入那段記憶中，找出造成你對自己有錯誤信念的那個經歷。

要知道，這個你所述說關於自己的錯誤故事，是可以轉變的。你可以穿越你的過去，成長為最好的自己，只要你允許這些尖銳的經歷，把你雕塑成一個有愛、同理、寬恕且喜悅的人。你從核心傷痛中，獲取過哪些生命的技能？「我變得有適應性」、「我培養了內在的力量」、「我很機智而且真誠」。這些特質讓我清晰且有技巧的為他人提供諮詢，在危機與不確定的時刻，能夠辨識並擁抱聚焦在解決問題的結果上。

一旦我們決定要在心理占星上療癒自己，我們便能夠學習連結到我們內在的指引與信心。只要你投入完全的能量與資源，就能達成任何事。對於成為你想要成為的人，切勿搖擺不定。你能夠轉變你的核心傷痛，並且找到幸福，你能夠重新創造你的人生。我們都擁有這樣的力量，而且我們必須珍惜並發展這內在的能力。

身而為人，我們都偏好維持現狀，不想要超出我們可預期的範圍和例行的體驗太多（我們的習性軌跡模式），免得我們會感受不自在、焦慮、恐懼、不確定甚至是恐慌。而在做決定的十字路口上，我們可以自由選擇要做什麼。我們是否要不舒服的擴張，願意經歷自然的焦慮和恐懼感受，或者我們要龜縮到已知的事物中？對你自己、對你的療癒、對你的幸福，還有對展現你的目標與夢想，你要說好或說不，都是你的選擇。

我曾經來到十字路口，決定要讓我內心的愛能夠超越內在的傷痛。我決定允許自己完全進入自身的內在力量與美好。你也必須允許你自己去取得自己真正想要的東西。

凱龍星的課題，帶領我來到心理占星裡的核心傷痛，因此，我能夠把同理傳送給感覺自己不重要、被遺忘、被拒絕、沒有價值、迷失和不值得被愛的你們。我認為我們大多數人在生命中多少都感受過這類情緒。為了能融入，我們穿戴著面具，扮演某種角色，藉以掩飾我們的痛苦和失望之情。過去三年半來撰寫著這本書，是一趟情感上相當艱難的旅程，因為我是共感人，因此在我研究和撰寫十二種核心傷痛的同時，內在也經歷了凱龍星在各個位置所帶來的感受。我開始懷疑，自己對於將心理占星和核心傷痛的主題清晰陳述的渴望，有沒有可能給我自己造成永久性的失聯感。

我後來了解到，失聯感是核心傷痛裡普遍存在的感受，和分離、孤立與自我懷疑一樣。我們得承認——光是用想的，這些核心傷痛對我們來說就很難受。然而，只是埋藏起來的話，這些未療癒的核心傷痛，會讓我們不再清晰，讓我們無法感受喜悅，而且讓我們在生命中無法完整的活在當下。那感覺就像我們在受傷時也失去了一部分靈魂，透過同理的寬恕自己，我們才能夠經由療癒的過程找回這些失去的部分。

希望透過分享一些我的故事，讓你也能有勇氣公開分享你的故事，而這個見證與被見證的療癒循環，會透過一次又一次的對話，帶來意識的轉變。讓我們允許自己能夠療癒，允許自己透過持續的接收正向能量，來感受心滿意足。關上感覺無價值、不值得和不夠好的大門，選擇內化這思維：「我是很重要的，我是有價值的，我值得無條件的被愛。」你的身體就是承載你的靈魂與心靈的完美身體，你擁有完美的心智能夠表達你的想法，而你正生活在能帶來影響的最佳位置，你所在之處就是你所需的歸屬。

有時，當我們開始療癒我們在心理占星上的核心傷痛，並且尋求改善當前的情況，療癒呈現的方式可能會造成顛覆，帶來意外的體驗。我們可能發現自己被帶到了情緒堡壘的邊緣，以及現有因應技巧的極限。

這是因為，凱龍這顆小行星位於土星和天王星之間，土星是限制、界線、努力工作的行星，而天王星則是關於意外的與未預見的改變。土星和天王星帶來所需的壓力，給予我們機會去選擇，是否要允許凱龍星的核心傷痛轉化我們，成為更有覺察意識且更為進化的自我。抑或，我們要選擇繼續無意識的傷害他人與傷害自己。當我們感受這股張力時，突破就在不遠處，所以要屏息留意了。

我們有些人可能會轉向靈性與天使的引導，來協助我們找到方向、意義和目的。有些人認為一切都是隨機且混亂的，壞事天天都在發生。還有些人則相信，苛刻且憤怒的神明會帶來懲罰，些微的過錯就會招來大禍。

我下面這篇日記是代替那些仍在受苦的人們，給宇宙的一則祈禱與宣言，願這些人能找到平靜：

當你心中的太陽升起，一切確實都會好轉。
草地會再次翠綠。
鮮豔的花朵將會綻放，你將感受藍天映照在你的皮膚上。
你會留意到微風輕拂你的背，不再像刀片般切割你的臉龐。
曾經瀰漫生命中的灰色調，轉為色彩、聲響、味道、氣息和質感。
你升起後的灰燼成為了肥沃的土壤，
在其中你有愛的種下了你當下本質的真相。
你成為了最美麗的花園，誠摯且茂盛。
這是你能創造的。

願之實現，阿們。

我們想要有個人的實現和滿足，需要同時活出橫軸上與地球上其他人連結的實體存在，以及縱軸上與偉大非物質世界連結的靈性存在。站在憐憫的自我接納基礎上，並帶著好奇心去體驗生命的稜角，才是真實的力量。我要鼓勵你成為你想要體驗的有愛存在。我們都在同一條船上，我會和你站在一起。

最後，我要和你分享取自《奇蹟課程》的兩段話：「奇蹟是透過愛的表現自然發生。真正的奇蹟是受到愛的啟發。由此來看，出自愛的一切都是奇蹟。」願你心中的愛在你生命中創造奇蹟，而且要記得：「奇蹟榮耀你，因為你是值得被愛的。奇蹟會驅散關於你的幻覺，並感知你內在的光。奇蹟因此補償（消除）你的錯誤，將你從你的惡夢中釋放。藉由將你的心智從幻覺的禁錮中釋放，奇蹟也就恢復了你的理智。」

附錄——

凱龍星對全球未來的影響

我要寫給未來的美國和在此刻之後的世界。由於今晚搭乘洛杉磯地鐵返家時的體驗，促使我加入最後這一篇計畫之外的章節。如果我們能夠留心每個當下，不帶批判去觀察現狀，生命經常會帶給我們啟發去採取意料之外的行動。

我今晚搭上洛杉磯地鐵時，剩下唯一一個座位是面向後方的，面向我啟程離開的地方（過去）。我以飛快的速度向未來移動，沒法慢下來，也無法在視線中看見我的目的地。

這個當下讓我立即聯想到，生命來到某個重要關口的比喻。如果你和我有類似的特質，有時你可能也會有失去方向的感受。你可能感到迷惘，狐疑著生命的列車要帶你去哪裡。你可能會想要按停車鈕，好讓自己可以喘一口氣，找回自己的方向，並且從這一切之中暫時抽離。但我們知道，生命就像一條湍急的河流，而我們就像是漂在水面上的一片葉子，任由河水帶著我們前進。

近年來，我學習到我們能將內在的核心自我，融入生命之流的順流動能，或者可以試著回到過去的狀態，抗拒著當下情勢，奮力逆流而上，因而精疲力竭。這麼做，我們就無法覺察到當下環繞我們的新景色，也無法察覺我們生命的河流要帶領我們前往的目的地。

美國當前正處在一個強勁的轉變時期，這個前所未見的時刻，需要我們每個人做出改變和調適。二〇二〇年至今的新型冠狀病毒（COVID-19）全球疫情，最早是二〇一九年十二月在中國作為潛在的重大傳染病現蹤，如今已讓我們的國家陷入混亂，讓我們過去所知的生活戛然而止。全世界一同陷入停頓。各地的人們都在進行居家隔離，並嚴守進出公共場所要戴口罩和保持社交距離的規範。

作為一項占星的元素，凱龍星不僅出現在個人占星圖表上，也會出現在企業、組織和國家的占星誕生圖表上。隨著我們進入新冠肺炎後的世界，我認為檢視美國占星誕生圖表上的凱龍星位置相當重要，這麼做能夠一窺在心理占星學上，美國作為一個國家對我們所有人所帶來的影響。我檢視美國的心理占星圖時看見，我們將會再次受到凱龍星進入牡羊座的影響，就如同一七七六年簽署獨立宣言時的情況。當美國在一七七六年七月四日於賓州費城通過獨立宣言最終條文時，凱龍星牡羊進入第四宮位。凱龍星在牡羊座，揭露了我們國家與價值相關的核心傷痛。你會以為這個世界最強大的國家，對於自身的價值認同肯定很高。而要了解美國的凱龍星心理占星學，必須檢視這個核心傷痛如何在第四宮的位置顯現。

美國心理占星圖的第四宮，是關於我們對家、安全、滋養和家庭的感覺。這個宮位是關於照顧我們自己人。而慷慨如美國，我們唯獨欠缺對自身居民需求的重視，特別是在這個全球疫情肆虐之際。據《華盛頓郵報》（*Washington Post*）的報導：「當川普總統宣布自己是戰時總統，向新冠病毒宣戰時，美國累計死於疫情的人數，正邁向超越韓戰、越戰、阿富汗戰爭以及伊拉克戰爭中美軍死亡人數的總和。」

約翰霍普金斯大學（Johns Hopkins University）報告稱，受新冠疫情影響之故，僅僅四週的時間內（二〇二〇年三月至二〇二〇年四月）就有「兩千兩百萬名美國人申請失業救助。技術性問題，使得數以百萬計的人無法收到美國財政部發放的紓困金支票，而為美國企業家提供貸款與資金的小型企業管理局（Small Business Administration），則已經沒錢執行『薪資保護計畫』（Paycheck Protection Program）。」在我撰文的當下，疾病管制與預防中心，公布美國已成為新冠疫情最嚴重的國家。

很巧地，在二〇二〇年總統大選中，凱龍星牡羊在第四宮所描繪的所有議題，都被放到了檯面上，包括經濟、醫療照顧、教育、兒童權益、移民、生育權、氣候變遷、犯罪預防和槍枝安全等。新的大家長該如何帶領美國這個大家庭呢？

新一任美國總統需要能夠平衡正義的天平，在動員物資援助其他有需要的國家之際，也要能適當的照顧和保護美國境內的同胞。如同《問題不在於犯罪》（*Crime Is Not the Problem*）書中所記載，我們的致命犯罪率是所有工業化國家中最高的。根據世界衛生組織（WHO）的二〇一〇年數據，美國的凶殺案比例是所有國家中最高，而且比其他高收入國家的平均比例高逾七倍，其中槍擊案件的比例更是高出二十五・二倍。美國退伍軍人事務部在二〇一六年公布，平均每天有二十名美國退役軍人自殺。這些退役的軍人，不論男女，都曾為了保護我們的自由而付出心力，但他們退役後卻沒獲得足夠的照護，著實是悲劇。

新一任總統需要處理問題重重的公立學校體系，鄉村和都市地區的公立學校都面臨著困難，有些學校的廁所無法正常運作，學校用品，甚至是書籍都出現短缺。「通往監獄的管道」（**prison pipeline**），已經成了這些孩童教育需求無法被滿足的地區，近來的熱門新用語，戲謔諷刺學校的功能。研究顯示，到八歲時還無法閱讀的孩童，不太可能會讀到中學畢業，因此犯罪入獄的可能性也會增加。

殺蟲劑、除草劑和肥料等的過度使用，已然破壞了美國的食物供應，這些物質侵蝕了食物的營養成分，同時也將毒物注入食物內。過度食用糖類這種常見的成癮食物，造成嚴重的兒童肥胖問題。這些小孩必須接受藥物治療，因而造成藥物依賴的情況，而這一切都發生在他們的大腦發育完全之前。

遊民是美國的重大問題。許多無家可歸的孩童居住在帳棚裡，沒有適當的飲食、醫療照顧或教育。許多遊民有精神方面的疾病，甚至伴隨成癮的問題，卻沒能獲得治療。

美國曾經幫助過全球各地數以百萬計的人，包括援助整個政府。然而，在凱龍星位於第四宮所帶給我們國家的核心傷痛下，我們在保護人民與環境並供應其所需方面面臨著危機。對於像美國這樣強大的國家來說，這些問題是呈指數性增長的。

凱龍星在牡羊座會帶來改變——發自深處的劇烈改變——著實嚇人的改變。我的目的是，希望新上任的美國總統，能夠支持並保護獨立宣言中所稱，造物者賦予所有人類「不可剝奪的權利」，而政府的存在就是要保護這權利。我祈禱新一任總統會珍視所有人的這些權利，讓我們這個多采多姿的大熔爐中，每個人都能實實在在擁有「生命、自由和追求幸福」

的權利。

致謝

老媽、老爸，你們教導了我關於寬恕和幸福，這是我最有價值的人生課程；謝謝你們用無條件的愛一同為我打下人生的根基。

在五個性格各異的兄弟姊妹中，我排行老大，而且我深愛著我的弟弟妹妹們。艾胥黎（Ashley）（我親愛的老妹），感謝你成為我可以依靠的磐石。茹比（Ruby），你真的是這個家的代理老媽，用你樂天的幽默讓家裡氣氛更活潑。我們是充滿活力的巴基斯坦與美國混血家庭，而我最喜愛的回憶，都是和你們一起在紐奧良家中可以因任何事而大聲歡笑的日子。

我也備受祝福，能夠在金恩（Gene）和瑪莉．科斯（Mary Koss）亦師亦友的陪伴中找到第二個家庭。金恩，謝謝你對我的信心，並且教導我透過創作玻璃藝術作為療癒的途徑。

我從小就渴望投入心理學的領域。我的父母在我五歲時發現一張我歪歪斜斜塗寫的紙條，上面寫著：「我想要成為心理醫生。」從那之後，我也多次重述過相同的志向。事實證明，身為一名治療師的挑戰和天分，一直都是開創我人生的驅動力。

治療的關係有種神聖的親密感。隨著我一步一步朝著為人服務的使命邁進，我也成長為一名更為健全誠實的女性。感謝每一位客戶選擇我陪伴你們走過你們靈魂的低谷。我的心每一步都和你們在一起，爾後亦然。

我也結交了一群心靈導師媽媽，她們持續支持著我，不僅是我的良師益友也是我的姊妹。她們是奧拉．納德里奇（Ora Nadrich）、凱薩琳．伍沃德．湯瑪斯（Katherine Woodward Thomas）、瑪莉安．威廉森（Marianne Williamson）、普仁．格利登（Prem Glidden）和黛博拉．福爾克（Debra Voelker）。身為堅強且真誠的女性，你們的力量，來自你們每一位身體力行所體現的靈性真理，而我很幸運能夠有你們慷慨地傳授智慧。感謝你們。

* * *

作為加州太平洋帕利塞德（Pacific Palisades）悟真會（Self-Realization Fellowship）的一員，我在這裡找到心靈的家。悟真會是由帕拉宏撒．尤迦南達（Paramahansa Yogananda）在一九五〇年創立。過去幾年來，我經常在悟真會環繞聖殿湖（Lake Shrine）的美麗庭園中散步，並且在其風車教堂（Windmill Chapel）裡冥想。我的生命因此發生奇蹟般的轉變。「致力於透過祈禱來昇華人性」是尤迦南達的教誨，而我深信這信條，也身體力行。我將療癒的能量迴向給他人，包括正在閱讀此書的你。我很感激能夠身為這個靈性家庭的一分子，也想要為我透過投入其中而找到正念與力量表達感謝。

謝謝你，蓋瑞・雷吉歐（Gary Reggio）和羅伯特・尼赫利格（Robert Nehlig），我的網頁設計師和值得信賴的合作夥伴，感謝你們的創新、專注的創意，以及這些年來為我的工作所給予的支持。

彼得・胡赫（Peter Hough），謝謝你提供了知識與專長，協助我撰寫這本書。你和夫人克萊爾・坎迪・胡赫（Claire Candy Hough）都是很棒的朋友，也都是啟發靈感的創作者，豐盛了我的人生。

瑪莉・塞爾比（Mary Selby），身為我這本書的編輯與合作撰稿者，你的智慧是無價的。

珍妮特・英格利斯（Jannet Inglis），感謝你在本書的編輯上，對於細節專注不遺餘力，讓本書的論述更顯清晰。謝謝瑪姬・巴斯里（Margie Baxley）為我的手稿增添了許多巧思與細膩。

感謝羅伯特・溫伯格律師（Robert Weinberg, Esq.）提供了法律指引與連珠妙語。

我想要謝謝馬提歐・尼維特（Matteo Neivert），在這次的寫作過程中，以及這些年來我們在藝術上的合作中，你一直帶給我靈感泉源。

我的出版商「內在傳統」（Inner Traditions）把這作品帶給了世界。我很感激你們與我一同創作，將凱龍星的寬恕與自我療癒訊息傳遞給人們。感謝喬恩・葛拉漢（Jon Gradham）發掘並挑選我的著作來發行，感謝凱莉・鮑文（Kelly Bowen）帶給我很棒的合約協商經驗。梅根・馬克萊（Meghan MacLean），我要真心的說，你的支持風格與引導方式，讓編輯變得很有趣。曼扎尼塔・卡本特・桑斯（Manzanita Carpenter Sanz），謝謝你安排了持續的活動，將這資訊觸及讀者。每個人給予我的支持，我都萬分珍惜，也因為有你們的支持，我才能將這作品帶入主流市場，讓各地的人們都能取得。

還有我的經紀人藍迪・佩瑟（Randy Peyser），你的專業、投入與引導，將這本書帶入許多人的手中，我很感激，感謝你的辛勞付出。

參考書目

《神話的力量》（*The Power of Myth*）——作者：約瑟夫．坎伯（Joseph Campbell）與比爾．摩爾斯（Bill Moyers）；出版社：紐約安可圖書（Anchor Book）；一九九一年。

《深入探索：揭示神祕面紗》（*Beyond Doorways: The Mysteries Revealed*）——作者：艾莉希絲．卡特萊特（Alexis Cartwright）；出版社：澳洲移情療癒（Transference Healing）；二〇〇八年。

《向病人學習》（*Learning from the Patient*）——作者：派翠克．凱斯門特（Patrick J. Casement）；出版社：紐約吉爾福德出版社（Guilford Press）；一九九一年。

《當生命陷落時：與逆境共處的智慧》（*When Things Fall Apart: Heart Advice for Difficult Times*）——作者：佩瑪．丘卓（Pema Chödrön）；出版社：科羅拉多州波德（Boulder）香巴拉出版社（Shambhala Publishing）；二〇一六年。

《超腦零極限》（*Super Brain: Unleashing the Explosive Power of Your Mind to Maximize Health, Happiness, and Spiritual Well-Being*）——作者：狄帕克．喬布拉（Deepak Chopra）與魯道夫．E．譚茲（Rudolph E. Tanzi）；出版社：紐約和諧出版社（Harmony Publishing）；二〇一二年。

《二十六把鑰匙：星光魔法》（*The 26 Keys: The Magic of the Astral Light*）——作者：大衛．科爾曼（David Coleman）；出版社：創造空間獨立出版平台（CreateSpace Independent Publishing Platform）；二〇一一年。

《為復元而賽：從癮君子到鋼鐵人》（*Racing for Recovery: From Addict to Ironman*）——作者：托德．克蘭德爾（Todd Crandell）與約翰．漢奇（John Hanc）；出版社：紐約州哈爾科茨維爾（Halcottsville）Breakaway Books；二〇〇六年。

《新千禧年的倫理》（*Ethics For the New Millennium*）——作者：達賴喇嘛（Dalai Lama）；出版社：紐約河源出版社（Riverhead Books）；一九九九年。

《冥想入門超EASY：十天學會內心平靜，思緒清晰的腦內運動》（*Practical Meditation for Beginners: 10 Days to a Happier, Calmer You*）——作者：班傑明．迭可（Benjamin Decker）；出版社：加州柏克萊（Berkeley）Althea Press；二〇一八年。

《童年與社會》（*Childhood and Society*）——作者：艾瑞克・艾瑞克森（Erik H. Erikson）；出版社：紐約諾頓（Norton）；一九五〇年。
《哭泣：眼淚的奧祕》（*Crying: The Mystery of Tears*）——作者：威廉・H・弗雷（William H. Frey）與謬麗爾・朗塞斯（Muriel Langseth）；出版社：溫莎（Winston-Salem）溫斯頓出版社（Winston Pr.）；一九八五年。
《移情與投射：自體之鏡》（*Transference and Projection: Mirrors to the Self*）——作者：揚・格蘭特（Jan Grant）與吉姆・克勞利（Jim Crawley）；出版社：英國白金漢（Buckingham）社會大學出版社（Open University Press）；二〇〇二年。
《凱龍星：內外行星之間的彩虹橋》（*Chiron: Rainbow Bridge between the Inner and Outer Planets*）——作者：芭芭拉・漢德・克洛（Barbara Hand Clow）；出版社：明尼蘇達州聖保羅（St. Paul）鹿林月亮出版社（Llewellyn Publications）；一九九四年。
《啟動心靈的力量》（*The Power Is Within You*）——作者：露易絲・賀（Louise Hay）；出版社：加州卡爾斯巴德（Carlsbad）賀屋（Hay House）；一九九一年。
《從創傷到復原》（*Trauma and Recovery*）——作者：茱蒂絲・L・赫曼（Judith L. Herman）；出版社：紐約基礎書籍（Basic Books）；一九九七年。
《回憶、夢、省思》（*Memories, Dreams, Reflections*）——作者：榮格（C. G. Jung）；出版社：紐約萬神殿圖書（Pantheon Books）；一九六三年。
《意義的追尋：轉化哀慟的最終關鍵》（*Finding Meaning: The Sixth Stage of Grief*）——作者：大衛・凱斯樂（David Kessler）；出版社：紐約斯克里布納（Scribner）；二〇一九年。
《論死亡與臨終》（*On Death and Dying: What the Dying Have to Teach Doctors, Nurses, Clergy and Their Own Families*）——作者：伊麗莎白・庫伯勒－羅斯（Elisabeth Kübler-Ross）；出版社：紐約斯克里布納；二〇一四年。
《當綠葉緩緩落下》（*On Grief and Grieving: Finding the Meaning of Grief through the Five Stages of Loss*）——作者：伊麗莎白・庫伯勒－羅斯與大衛・凱斯樂；出版社：紐約西蒙與舒斯特（Simon and Schuster）；二〇〇五年。
《活出意義：十項讓人生大躍進的卓越思考》（*The Code of the Extraordinary Mind*）——作者：維申・拉克亞尼（Vishen Lakhiani）；出版社；賓州艾瑪斯（Emmaus）羅德爾圖書（Rodale Books）；二〇一六年。
「在負面情感處理過程中由冥想所誘發的大腦杏仁核神經活動改變」（Meditation-induced neuroplastic changes in amygdala activity during negative affective processing）——撰文者：Mei-Keo Leung、Way K. W. Lau、Chetwyn C. H. Chan、Samuel S. Y. Wong、Annis L. C. Fung、與Tatia M. C. Lee；發表於《社會神經科學期刊》（*Social Neuroscience*）（二〇一七

年四月十日）。
《依附：辨識出自己的依附風格，了解自己需要的是什麼，與他人建立更美好的關係》（*Attached: The New Science of Adult Attachment and How It Can Help You Find –and Keep – Love*）——作者：阿米爾·樂維（Amir Levine）與瑞秋·赫勒（Rachel Heller）；出版社：紐約企鵝出版集團（Penguin Group）；二〇一〇年。
《靈性歧路：揭露新時代靈修華麗糖衣下的誤用與陷阱》（*Spiritual Bypassing: When Spirituality Disconnects Us from What Really Matters*）——作者：羅伯特·奧古斯都·馬斯特斯（Robert Augustus Masters）；出版社：加州柏克萊北大西洋出版社（North Atlantic Publishing）；二〇一〇年。
《誰說的？一個簡單的問題能徹底改變你的思維方式》（*Says Who? How One Simple Question Can Change the Way You Think Forever*）——作者：奧拉·納德里奇（Ora Nadrich）；出版社：紐約詹姆斯·摩根出版公司（James Morgan Publishing）；二〇一六年。
《共感人完全自救手冊》（*The Empath's Survival Guide: Life Strategies for Sensitive People*）——作者：茱迪斯·歐洛芙（Judith Orloff）；出版社：（Boulder, Colo）（Sounds True Publishing）；二〇一七年。
《心理治療系統：跨理論分析》（*Systems of Psychotherapy: A Transtheoretical Analysis*）——作者：詹姆斯·O·普羅哈斯卡（James O. Prochaska）與約翰·C·諾克羅斯（John C. Norcross）；出版社：康乃狄克州斯坦福（Stamford）聖智學習（Cengage Learning）；二〇一三年。
《優點個案管理模式》（*The Strengths Model: Case Management with People Suffering from Severe and Persistent Mental Illness*）初版——作者：C·瑞普（C. Rapp）；出版社：紐約牛津大學出版社（Oxford University Press）；一九九七年。
《凱龍星：靈魂的創傷與療癒》（*Chiron and the Healing Journey*）——作者：梅蘭妮·瑞哈特（Melanie Reinhart）；出版社：倫敦Starwalker Press；二〇一〇年。
《奇蹟課程》（*A Course in Miracles*）——作者：海倫·舒曼（Helen Schucman）；出版社：加州米爾谷（Mill Valley, Calif.）心靈平安基金會（Foundation for Inner Peace）；一九七五年。
《凱撒大帝》（*Julius Caesar*）——作者：威廉·莎士比亞（William Shakespeare）；出版社：紐約西蒙與舒斯特（Simon & Schuster）；二〇一一年。
《希恩夫人的生存智慧》（*The Wisdom of Florence Scovel Shinn*）——作者：佛羅倫斯·斯科維爾·希恩（Florence Scovel Shinn）；出版社：紐約西蒙與舒斯特；一九八九年。
《七週遇見對的人：發現真愛的吸引力法則》（*Calling in the One: 7 Weeks to Attract the Love of*

Your Life）——作者：凱薩琳・伍沃德・湯瑪斯（Katherine Woodward Thomas）；出版社：紐約和諧出版社；二〇〇四年。

《親愛的，分手不是你的錯：五步驟好好說分手，找回愛情的自由》（*Conscious Uncoupling: 5 Steps to Living Happily Even After*）——作者：凱薩琳・伍沃德・湯瑪斯；出版社：紐約和諧出版社；二〇一五年。

《奇蹟的一年：從流淚到勝利——反轉苦難獲得啟發的靈性旅程》（*A Year of Miracles: Tears to Triumph: The Spiritual Journey from Suffering to Enlightenment*）——作者：瑪莉安・威廉森（Marianne Williamson）；出版社：舊金山Harper One Publishing；二〇一七年。

《奇蹟的一年：每日奉獻與反思》（*A Year of Miracles: Daily Devotions and Reflections*）——作者：瑪莉安・威廉森；出版社：紐約哈珀柯林斯（Harper Collins）；二〇一三年。

《問題不在於犯罪：美國的致命暴力》（*Crime Is Not the Problem: Lethal Violence in America*）——作者：富蘭克林・E・辛姆林（Franklin E. Zimring）與戈登・霍金斯（Gordon Hawkins）；出版社：牛津——牛津大學出版社；一九九九年。

相關資源

◎ 肯定小語

露易絲・賀（Louise Hay）：www.louisehay.com
亞伯拉罕－希克斯（Abraham-Hicks）：www.abraham-hicks.com

◎ 藝術

馬提歐・尼維特（Matteo Neivert）：www.matteoneivert.com

◎ 占星師與占星網站

卡洛琳・巴夫金（Carolyn Bufkin）：www.carolynbufkin.com
蘿莉・聖克萊爾（Laurie St. Clare）：www.sweetlifeastrology.com
派翠西亞・馬赫（Patricia Maher）：www.patriciamaherastrology.wordpress.com
瑞秋・蘭（Rachel Lang）：www.rachellangastrologer.com
美國占星師協會（American Federation of Astrologers）：www.astrologers.com
占星主題（AstroTheme）：www.astrotheme.com
占星咖啡館（Cafe Astrology）：www.cafeastrology.com

◎ 共感與高敏感族群

茱迪斯・歐洛芙醫師（Dr. Judith Orloff）：www.drjudithorloff.com

◎ 能量醫學

布蘭迪・吉爾默博士（Brandy Gillmore, Ph.D.）：www.brandygillmore.com
蘇・默特醫師（Dr. Sue Morter）：www.drsuemorter.com

◎ 悲傷與失去

大衛・凱斯樂（David Kessler）：www.grief.com
伊麗莎白・庫伯勒－羅斯（Elisabeth Kübler-Ross）：www.ekrfoundation.com

◎ 冥想

狄帕克・喬布拉（Deepak Chopra）：www.chopracentermeditation.com（獨家：歐普拉與狄帕克的二十一天冥想體驗〔Oprah & Deepak 21-Day Meditation Experience〕）
佩瑪・丘卓（Pema Chödrön）：www.pemachodronfoundation.org
班・迭可（Ben Decker）：www.bendeckermeditation.com
老實人（The Honest Guys）冥想紓壓影音頻道：youtube.com/TheHonestGuys

◎ 各式占星與療癒

傑瑞米・尼爾（Jeremy Neal）：www.chirotic.com
大衛・奧斯朋（David Osborn）：www.greekmedicine.net
希臘神話（GreekMythology）：www.greekmythology.com
療癒宇宙：專業塔羅與占星（Healing Universe Professional ethical Tarot and Astrology）：www.healinguniverse.com
波浪星球（Planet Waves）：www.planetwaves.net

◎ 開放思維訓練與機構

隆納・亞歷山大醫師（Dr. Ronald Alexander）：www.ronaldalexander.com

◎ 身體健康

安・博魯赫（Ann Boroch）：www.annboroch.com
萊伊拉尼・亨諾（Leilani Heno）：www.x-trainers.com
艾美・西蒙內塔（Amy Simonetta）：www.asiendurance.com
艾莉・班克斯——擁抱全方位轉變（Allie Banks –Be the Change 360）：www.instagram.com/btc_fit

◎ 心理治療／諮商／人生教練

認證人生教練妮琪・艾森豪（Nikki Eisenhauer, LLC-Life Coach）：www.nikkieisenhauer.com
認證專業諮商師布里姬・法肯（Bridget Falcon, LPC）：www.neworleanstherapist.com
轉型教練普仁・格利登（Prem Glidden, Transformational Coach）：www.premglidden.com
瑪莉莎・皮爾（Marisa Peer）：www.marisapeer.com
梅麗莎・里奇曼醫師（Dr. Melissa Richman）：www.richmancare.com
認證臨床社工潔米・勒納（Jamie Lerner, LCSW）：www.jamie-lerner.com

認證專業臨床諮商師、認證專業共創式生活教練丹尼・魯金（Dani Rukin LPCC, CPCC）：www.danirukin.com
認證專業諮商師、認證婚姻家庭治療師妮娜・瓦特（Nina Watt, LPC, LMFT）：www.ninawatt.com

◎ 靈氣療法／靈療師／靈媒／天使治療師

瑞秋・克里爾（Rachel Collier）：www.waychilllife.com
茱莉安娜・戴維斯（Julianna Davis）：www.healingwithjules.com
克萊爾・坎迪・胡赫（Claire Candy Hough）：www.angelhealinghouse.com
莎拉・拉森醫師（Dr. Sarah Larsen）：www.drsarahlarsen.com
馬克・梅薩多里安（Mark Mezadourian）：www.markmezadourian.com
提森・呂（Tison Lui）：www.tisonthehealer.com

◎ 關係教練與治療

凱薩琳・伍沃德・湯瑪斯（Katherine Woodward Thomas）：www.katherinewoodwardthomas.com; www.callingintheonecourse.com; www.consciousuncoupling.com
約翰・格雷博士（John Gray, Ph.D.）：www.marsvenus.com
柯瑞・佛森（Corey Folsom）：www.CoreRelationship.com

◎ 聲音治療

蘿倫・華格納（Lauren Waggoner）：www.peacelovesoundology.com

◎ 靈性成長

瑪莉安・威廉森（Marianne Williamson）：www.marianne.com

◎ 思考訓練

奧拉・納德里奇（Ora Nadrich）：www.oranadrich.com

◎ 女性賦權

凱瑟琳・格雷（Catherine Gray）：www.360karma.com
崔西・李・瓊斯（Tracy Lee Jones）：www.tracyleejones.com
英格麗・阿爾納（Ingrid Arna）：www.ingridarna.com

BC1090

凱龍星的療癒力量

你的靈魂痛點，心理占星都知道

The Chiron Effect: Healing Our Core Wounds through Astrology, Empathy, and Self-Forgiveness

作　　者　麗莎・塔希爾（Lisa Tahir）
譯　　者　王冠中
責任編輯　田哲榮
協力編輯　朗慧
封面設計　小草
內頁構成　李秀菊
校　　對　蔡昊恩

發 行 人　蘇拾平
總 編 輯　于芝峰
副總編輯　田哲榮
業務發行　王綬晨、邱紹溢
行銷企劃　陳詩婷
出　　版　橡實文化ACORN Publishing
地址：10544臺北市松山區復興北路333號11樓之4
電話：02-2718-2001　傳真：02-2719-1308
網址：www.acornbooks.com.tw
E-mail：acorn@andbooks.com.tw
發　　行　大雁出版基地
地址：10544臺北市松山區復興北路333號11樓之4
電話：02-2718-2001　傳真：02-2719-1308
讀者傳真服務：02-2718-1258
讀者服務信箱：andbooks@andbooks.com.tw
劃撥帳號：19983379戶名：大雁文化事業股份有限公司

印　　刷　中原造像股份有限公司
初版一刷　2021年4月
定　　價　420元
I S B N　978-986-5401-59-7

國家圖書館出版品預行編目資料

凱龍星的療癒力量：你的靈魂痛點，心理占星都知道／麗莎・塔希爾（Lisa Tahir）著；王冠中譯. -- 初版. -- 臺北市：橡實文化出版：大雁出版基地發行, 2021.04
288面；17×23公分
譯自：The chiron effect : healing our core wounds through astrology, empathy, and self-forgiveness.
ISBN 978-986-5401-59-7（平裝）
1. 占星術
292.22　　110004013